utb 4226

Eine Arbeitsgemeinschaft der Verlage

Böhlau Verlag · Wien · Köln · Weimar
Verlag Barbara Budrich · Opladen · Toronto
facultas · Wien
Wilhelm Fink · Paderborn
A. Francke Verlag · TübingenHaupt Verlag · Bern
Verlag Julius Klinkhardt · Bad Heilbrunn
Mohr Siebeck · Tübingen
Nomos Verlagsgesellschaft · Baden-Baden
Ernst Reinhardt Verlag · München · Basel
Ferdinand Schöningh · Paderborn
Eugen Ulmer Verlag · Stuttgart
UVK Verlagsgesellschaft · Konstanz, mit UVK/Lucius · München
Vandenhoeck & Ruprecht · Göttingen · Bristol
Waxmann · Münster · New York

Albrecht Greule, Sandra Reimann

Basiswissen Textgrammatik

A. Francke Verlag Tübingen

Prof. Dr. Albrecht Greule und PD Dr. Sandra Reimann lehren Sprachwissenschaft am Institut für Germanistik der Universität Regensburg.

Bibliografische Information der Deutschen Nationalbibliothek

Die Deutsche Nationalbibliothek verzeichnet diese Publikation in der Deutschen Nationalbibliografie; detaillierte bibliografische Daten sind im Internet über http://dnb.dnb.de abrufbar.

Dischingerweg 5 · D-72070 Tübingen
www.francke.de · info@francke.de

Gedruckt auf chlorfrei gebleichtem und säurefreiem Werkdruckpapier.

Einbandgestaltung: Atelier Reichert, Stuttgart
Umschlagabbildung: Micheline Boyadjian, *Les deux fillettes*, 1969, Peinture à l'huile, 73x90 cm, Inv.n° AM1121. Don de l'artiste Musée de Louvain-la-Neuve.
Satz: typoscript GmbH, Walddorfhäslach
Druck und Bindung: Friedrich Pustet GmbH & Co. KG, Regensburg
Printed in Germany

UTB-Nr. 4226
ISBN 978-3-8252-4226-8

Inhaltsverzeichnis

Vorwort

Auf vielfachen Wunsch – auch aus den Reihen der Lehrerschaft – legen wir hier das seit Jahren an der Universität Regensburg entwickelte Modell einer Textgrammatik des Deutschen – als Basiswissen didaktisch aufbereitet – vor. Es soll im Unterricht der Universität ebenso verwendbar sein wie in der Schule.

Das Buch besteht aus drei Hauptteilen, einem auf die Darstellung der Theorie konzentrierten (Kap. I bis III), einem praktischen Teil, der durch gezielte Fragen zur Analyse ausgewählter Texte verschiedener „Textsorten" anregen soll (Kap. IV), und einem Teil, der den Blick gezielt und exemplarisch auf die Schule und den Aufsatzunterricht richtet (Kap. V).

Auf eine Nachzeichnung der Geschichte der textgrammatischen Forschung, die noch zu schreiben, in einem „Basiswissen" aber fehl am Platze wäre, haben wir ebenso verzichtet wie auf eine ausführliche Auseinandersetzung mit Forschungsmeinungen, die andere Positionen vertreten als wir. Wenn wir Positionen anderer Forscher übernehmen und in unser Modell integrieren, wird dies ausdrücklich vermerkt.

Klärungsbedarf besteht allerdings hinsichtlich des Titelwortes *Textgrammatik*. *Textgrammatik* und *Textlinguistik* werden oft synonym gebraucht. Explizit oder implizit verwenden mehrere auf die textanalytische Praxis bezogene Arbeiten neueren Datums den Begriff *Textgrammatik* und grenzen ihn unterschiedlich von Textlinguistik, Textsemantik, Textstilistik und Textpragmatik ab: „Der Text" (Fritz 2005), das „Textlinguistische Repetitorium" (Bračič/Fix/Greule 2007), das „Basiswissen Deutsche Gegenwartssprache" (Kessel/Reimann [4]2012), „Textlinguistik fürs Examen" (Hausendorf/Kesselheim 2008) und „Textlinguistik und Textgrammatik" (Gansel/Jürgens [3]2009).

Es zeigt sich, dass sich die textgrammatische Beschreibung bislang auf nicht umfangreiche, verschriftete (gedruckte) Texte bezieht; lediglich Ch. Gansel/F. Jürgens erweitern die Perspektive auf Schriftlichkeit *und* Mündlichkeit. Was bislang vorliegt, sind Beiträge zur Textgrammatik des geschriebenen Kleintextes vorwiegend mit einer Orientierung auf die Analysepraxis. In diesem Rahmen kann man eine Textgrammatik in einen deskriptiven Bereich und in einen thematischen Bereich aufteilen. Im deskriptiven Bereich werden die Verknüpfungen der bilateralen sprachlichen Einheiten im Text (die Kohärenz) beschrieben, die im Wesentlichen durch Konnexion/Junktion einerseits und durch Rekurrenz (Koreferenz, Isotopie) andererseits geschaffen werden. Im thematischen Bereich wird beschrieben, wie auf der Grundlage der Erkenntnisse aus dem deskriptiven Bereich („Zentrale Textgegenstände“, Klasseme) das Textthema erschlossen wird. Dies setzt das Vorhandensein und die Aktivierung von grammatischem und kulturellem Wissen bei den Rezipienten voraus.

Wir orientieren uns an der Vorstellung, dass die Textgrammatik die oberste und komplexeste Stufe der hierarchisch darstellbaren Kombinationsmöglichkeiten von Sprachzeichen ist. Da das Modell vom integrativen Textbegriff nach Klaus Brinker (Linguistische Textanalyse, [1]1985, 17–19) ausgeht, trennen wir nicht zwischen Textkohäsion (durch formale Mittel hergestellter Textzusammenhang) und Textkohärenz (Sinnzusammenhang eines Textes). Vielmehr wollen wir dazu anregen, die Ausdrücke im Text sowohl unter formalen als auch unter inhaltlichen Aspekten sowie ihre Vernetzung im Text und das Textthema zu erschließen. Besonderes Augenmerk wird dabei auf die nach Textsorten spezifizierte Verwendung der textgrammatischen Mittel gelegt, für deren Untersuchung ein Analysemodell vorgelegt wird (siehe Kap. IV). Gänzlich neu sind die Text-Analyse in Relation zu den in verschiedenen Textsorten verwendeten Bildern und ein Exkurs zur Textgrammatik eines historischen (frühneuhochdeutschen) Textes. Auch komplexe Texte waren bisher kaum Gegenstand textgrammatischer Forschungen; ihnen wird ein eigenes Kapitel (III) gewidmet.

Einige wichtige Informationen sind durch besondere Hervorhebungen gekennzeichnet:

! Das Ausrufezeichen bedeutet „Achtung! bzw. „Warnung!“. Hier werden Probleme und „Fallen“, die uns aus Seminaren bekannt sind, angesprochen bzw. vorweggenommen.

Hier finden sich Tipps für die Analyse.

Definitionen sind grau unterlegt. Objektsprache (= Beispiele), Termini und Betonungen sind kursiv gesetzt. Unterstreichungen in den Beispieltexten stammen von den Verfassern.

Zu besonderem Dank sind wir den Studierenden verpflichtet, die seit Jahren durch ihre kritische Auseinandersetzung mit der Textgrammatik im akademischen Unterricht an den Universitäten in Bonn, Brünn, Ferrara, Graz, Helsinki,

Paderborn, Pilsen und Regensburg zur Erprobung und Verbesserung unseres textgrammatischen Modells beigetragen und nicht unwesentlich das Zustandekommen des „Basiswissens Textgrammatik" befördert haben. Dazu zählen auch Elisabeth Herrmann und Andreas Trpak, denen wir für wertvolle Hinweise zur Nutzanwendung textgrammatischer Analysen im Schulunterricht dankbar sind. Schließlich danken wir dem Gunter Narr Verlag, insbesondere Frau Kathrin Heyng, herzlich für ihr bewundernswertes Engagement und die – wie immer – sehr gute Zusammenarbeit.

I. Text und Grammatik

1. Text-Definition

„Der Terminus ‚Text' bezeichnet eine begrenzte Folge von sprachlichen Zeichen, die in sich kohärent ist und die als Ganzes eine erkennbare kommunikative Funktion signalisiert." (Brinker [1]1985: 17).

Diese von Klaus Brinker bereits 1985 konzipierte und erläuterte prototypische Text-Definition kann noch immer als Grundlage einer Textgrammatik dienen. In der neuesten Formulierung der Definition wird lediglich der Tatsache Rechnung getragen, dass Texte von „Textproduzenten" (*Emittent*) erzeugt werden. Sie lautet deshalb:

„Der Terminus ‚Text' bezeichnet eine von einem Emittenten hervorgebrachte begrenzte Folge von sprachlichen Zeichen, die in sich kohärent ist und die als Ganzes eine erkennbare kommunikative Funktion signalisiert." (Brinker/Cölfen/Pappert 2014: 17)

Als wichtigste Struktureinheit des Textes setzte Klaus Brinker den Satz an: „Den Gegenstandsbereich der linguistischen Textanalyse bilden somit im wesentlichen Texte, die sich als Folgen von Sätzen manifestieren" (Brinker [1]1985: 18 f.). Mit anderen Worten: Texte stellen begrenzte Satzfolgen dar.

Erfahrungsgemäß wird der Satz im Sinne von „Verbalsatz" als Konstituente des Textes nicht selten durch Ausdrücke ersetzt, die zwar kein grammatisches Prädikat enthalten, funktional und strukturell aber den (Verbal-)Sätzen vergleichbar sind. Es handelt sich um Ellipsen, Setzungen, Ein-Wort-Äußerungen usw. (Zu Formen und Funktionen des Verbalsatzes vgl. Kessel/Reimann [4]2012: 1–9.)

Als Oberbegriff für die Ausdrücke, aus deren Abfolge der Text normalerweise konstruiert ist (die bei Brinker „Satz" heißen), wird hier der Terminus „Minimale Textgrammatische Einheit = MTE" eingeführt (vgl. Bračič/Fix/Greule 2007: 5); ausführlich zu den MTE s. Kap. II.1.

Der Begriff *minimal* bezieht sich hier nicht darauf, dass die Einheiten *kleinst* im Sinn von *nicht weiter zerlegbar* sind, sondern auf ihren Status als Basis-Elemente, aus denen der Text konstruiert ist. Es ist wichtig, die Vorstellung im

Kopf zu behalten, dass die MTE *unterhalb* der Textgrammatik durchaus aus kleineren Konstituenten wie den Satzgliedern zusammengesetzt sind.

Formel: TEXT < MTE_1 – MTE_2 – MTE_n

(lies: Der Text besteht aus einer begrenzten, aber nicht genau festlegbaren Zahl von Minimalen Textgrammatischen Einheiten/Sätzen.)

Die Zahl der MTE wird durch die außersprachlichen Faktoren der Kommunikationssituation gesteuert, z. B. durch die Begrenztheit von Raum und Zeit, die dem Textproduzenten zur Verfügung stehen, durch den kommunikativen Zweck (eine Begrüßung fällt kürzer aus als ein wissenschaftlicher Vortrag) usw. In Anbetracht der Tatsache, dass Texte in verschiedenen Ausweitungen vorkommen, ist es hilfreich terminologisch Texte von großem Umfang (= *Großtexte*, s. Kap. III), gemessen an der Zahl der Wörter, von *Kleintexten* (= einfacher Text/ Mikrotext; s. Kap. II) zu unterscheiden. Während man sich die Großtexte als Anhäufung von Kleintexten vorstellen kann, bestehen Kleintexte nicht weiter aus Texten, sondern nur aus MTE. Als Prototyp eines Kleintextes wird die Zeitungsmeldung angenommen; Zeitungsmeldungen bestehen meist aus bis zu zehn MTE.

Beispieltext 1

(1) *Seinen Bruder und dessen Lebensgefährtin vergaß ein holländischer Staatsbürger im Stau auf der Autobahn A 3 bei Regensburg.* (2) *Die Reisegruppe kam aus der Ukraine und war auf dem Rückweg nach Holland.* (3) *In dem 17 Kilometer langen Stau, der sich am Dienstagnachmittag wegen eines schweren Unfalls auf der Autobahn gebildet hatte, waren die beiden Reisenden ausgestiegen, um sich am Rande der Autobahn die Beine zu vertreten.* (4) *Als sich der Stau auflöste, fuhr der Bruder weiter, ohne die beiden mitzunehmen.* (5) *Mittellos standen diese nun an der Autobahn und „landeten" schließlich bei der Polizeiinspektion am Minoritenweg in Regensburg.* (6) *Um die Weiterfahrt nach Holland zu ermöglichen, wurde nach Absprache mit den Zurückgebliebenen ein Taxi organisiert.* (7) *Zu einem vereinbarten Fahrpreis von 1000 Euro ging es dann in die holländische Heimat.*

(aus: Mittelbayerische Zeitung, 26. 6. 2008)

2. Grammatik-Definition

Die Grammatik erfasst durch Beschreibung die Kombinationsmöglichkeiten von Sprachzeichen. Sie ist hierarchisch angelegt und steigt von der Morphemebene (Wortbildung und Flexion) über die Satzebene (Syntax) bis zur Textebene.

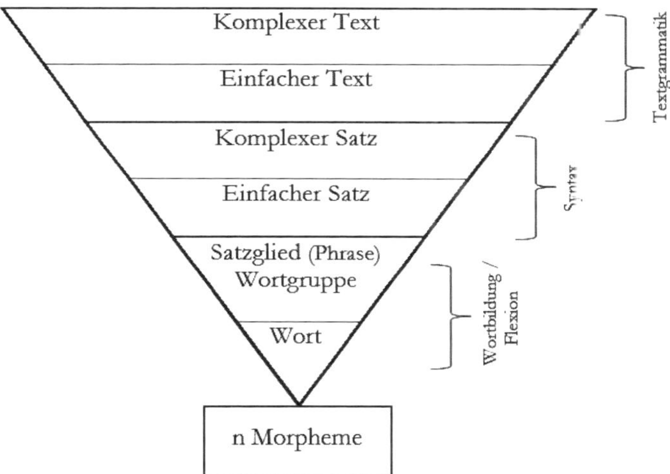

Abb. 1: (Baderschneider/Greule 2013: 1)

3. Textgrammatik

Die Textgrammatik beschreibt und kategorisiert die Möglichkeiten der Kombination von MTE zu einem kohärenten Text. Die Kombination der MTE zu einem kohärenten Text wird als Vernetzung bzw. Bezugnahme der einzelnen MTE untereinander verstanden. Es handelt sich dabei im Wesentlichen um eine implizite Bezugnahme durch Wiederholung sprachlicher Einheiten (s. Kap. II.2) oder um eine explizite Bezugnahme durch Konnektoren, also durch Sprachzeichen, deren Hauptfunktion es ist, den Text zu gliedern und einzelne MTE aufeinander zu beziehen.

4. Produktion und Rezeption kohärenter Texte

Die Textgrammatik beschreibt die Vernetzung von MTE zu einem kohärenten Text als Ergebnis der Analyse verschrifteter (gedruckter) Sprache, also unter dem Aspekt der Text-Rezeption durch die Leser (einbezogen sind selbstverständlich auch die Leserinnen). Die Beschreibung der textgrammatischen Kategorien und Strategien kann aber auch unter dem Aspekt der Text-Produktion, der Anweisung zur Herstellung eines kohärenten, wohlgeformten Textes gelesen werden (s. Kap. V).

5. Textgrammatik und Textsorten

Jeder konkrete, zu analysierende Text gehört einer Textsorte an. Textsorten ergeben sich aus den unterschiedlichen kommunikativen Bedingungen, unter denen Texte zu verschiedenen Zeiten entstanden sind und tradiert werden. Die Textsortenzugehörigkeit steuert auch den Einsatz der textgrammatischen Mittel, die in einem Text verwendet werden können oder müssen. Zum Beispiel gibt der Zweck eines Textes, mit dessen Hilfe eine Speise zubereitet werden soll (Textsorte *Kochrezept*), sowohl die Textgliederung (1. Zutaten, 2. Zubereitung) als auch die (knappe) Anzahl und den (knappen) Umfang der MTE vor.

Beispiele für die textgrammatische Analyse verschiedener Textsorten s. u. Kap. IV.

II. Der Einfache Text (Kleintext, Mikrotext)

Beispieltext 2 a

DIE KRÄHE UND DER WASSERKRUG

Einmal, es war im heißesten Monat des Sommers, vertrockneten viele Bäche und auch viele Quellen versiegten. Eine durstige Krähe irrte einen ganzen Tag lang umher auf der Suche nach Wasser. Abends, als sie so erschöpft war, dass sie kaum mehr fliegen konnte, entdeckte sie endlich einen Krug mit Wasser auf der Schwelle eines Hauses. Sie stürzte hinab, steckte ihren Kopf in den Krug und wollte trinken. Aber – der Krug war nur halbvoll, und die Krähe mochte ihren Hals noch so lange recken, sie erreichte das verlockende Nass nicht mit ihrem Schnabel. Enttäuscht flatterte sie auf, hüpfte flügelschlagend um den Krug und versuchte, ihn umzuwerfen. Doch es war ein großer, schwerer Tonkrug, den sie nicht kippen konnte.

Als die Krähe niedergeschlagen neben dem Krug hocken blieb, erblickte sie neben der Schwelle des Hauses einen Haufen kleiner Steine. Die Krähe pickte einen Stein nach dem anderen auf und warf ihn in den Krug hinein, bis das Wasser den tönernen Rand erreichte und sie ihren Durst stillen konnte.

Ausdauer und Geistesgegenwart führen immer zum Ziel! (Infratext, vgl. Kap. III.2)

(aus: Das Grosse Fabelbuch, Wien/Heidelberg: Ueberreuter, o. J.: 21, orthographisch bearbeitet)

1. Die Minimale Textgrammatische Einheit (MTE)

Wie wir am Beispieltext oben sehen, sind auch Kleintexte oft graphisch untergliedert. Der Beispieltext oben weist folgende Gliederungseinheiten auf: die Überschrift (markiert durch Fettdruck und Kapitälchen), den Haupt- oder Kerntext und eine abgesetzte Schlusszeile. Überschrift und Schlusszeile klammern wir aus den Überlegungen des folgenden Kapitels aus. Sie werden unter Kap. III. als Elemente des Komplexen Textes (Großtextes) behandelt und entsprechend ihrer Stellung im Gesamttext als *Supratext* und *Infratext* bezeichnet.

Die graphische Gliederung des Kerntextes entspricht der gewohnten Abgrenzung von Sätzen mit Großbuchstabe am Anfang und Punkt am Ende. Daraus leitet man die Definition von Text als eine *begrenzte Folge von Sätzen* ab.

$$\text{Formel: Text} < \text{Satz}_1 - \text{Satz}_2 - \text{Satz}_n$$

Der Satz ist die normale Konstituente des Textes. Es gibt sogar Texte, die nur aus einem Satz bestehen (Minimaltext, Kleinsttext), z. B. Grabinschriften wie

HIER RUHT IN FRIEDEN HANS MUSTERMANN

oder wie die Unterzeile im Beispieltext 2a oben. Nicht immer entspricht die Konstituente (oder entsprechen die Konstituenten) aber einem Satz, wenn wir darunter eine aus Prädikat und Referenten bestehende sprachliche Konstruktion verstehen (Verbalsatz). Wie wir wieder am Beispieltext 2a oben und seiner Überschrift sehen können, kann ein Minimal- oder Teiltext auch nur aus einer Wortgruppe (*Die Krähe und der Wasserkrug*) bestehen. Das führt uns dazu, nicht nur den Verbalsatz als kleinste Konstituente des Textes anzusehen, sondern auch andere syntaktische Formen (Syntagmen). Als Oberbegriff für die an der Textbildung beteiligten Syntagmen wird *Minimale Textgrammatische Einheit/ MTE* eingeführt. Siehe die Formel in Kap. I.1.

Wird der Kerntext von Beispieltext 2 in Minimale Textgrammatische Einheiten eingeteilt, ergibt sich das folgende Bild:

Beispieltext 2b

MTE 1a:	*Einmal,*
[MTE 2, Parenthese]	*es war im heißesten Monat des Sommers,*
MTE 1b:	*vertrockneten viele Bäche*
[*und*]	
MTE 3:	*auch viele Quellen versiegten.*
MTE 4:	*Eine durstige Krähe irrte einen ganzen Tag lang umher auf der Suche nach Wasser.*
MTE 5:	*Abends, als sie so erschöpft war, dass sie kaum mehr fliegen konnte, entdeckte sie endlich einen Krug mit Wasser auf der Schwelle eines Hauses.*
MTE 6:	*Sie stürzte hinab, steckte ihren Kopf in den Krug und wollte trinken.*
[*Aber –*]	
MTE 7:	*der Krug war nur halbvoll,*
[*und*]	
MTE 8:	*die Krähe mochte ihren Hals noch so lange recken,*

MTE 9: *sie erreichte das verlockende Naß nicht mit ihrem Schnabel.*
MTE 10: *Enttäuscht flatterte sie auf, hüpfte flügelschlagend um den Krug und versuchte, ihn umzuwerfen.*
[*Doch*]
MTE 11: *es war ein großer, schwerer Tonkrug, den sie nicht kippen konnte.*
MTE 12: *Als die Krähe niedergeschlagen neben dem Krug hocken blieb, erblickte sie neben der Schwelle des Hauses einen Haufen kleiner Steine.*
MTE 13: *Die Krähe pickte einen Stein nach dem anderen auf und warf ihn in den Krug hinein, bis das Wasser den tönernen Rand erreichte und sie ihren Durst stillen konnte.*

Die in eckige Klammern gesetzten Sprachzeichen *und*, *aber*, *doch*, die zwischen einzelnen MTE stehen, sind Konnektoren (siehe dazu Kap. II.2.7).

1.1 Formen der Minimalen Textgrammatischen Einheit

Als normale MTE-Form gilt der Satz. Dabei müssen einfache Sätze, die nur aus einer Proposition bestehen (z. B. MTE 3), und komplexe Sätze, die mehrere neben- oder untergeordnete Propositionen enthalten (z. B. MTE 5 und MTE 6), unterschieden werden. Statt eines vollständigen Satzes kann eine MTE auch aus einem elliptischen Satz bestehen. Elliptische Sätze sind Sätze, in denen Teile weggelassen werden (= *Ellipsen*, Auslassungen), die jedoch aus dem (sprachlichen) Kotext oder aus der Kommunikationssituation (Kontext) ergänzt werden können (Kessel/Reimann ^{4}2012: 1 f.). Enthält eine MTE kein Prädikat (in Gestalt eines finiten Verbs), wie die Überschrift zu Beispieltext 2 (*Die Krähe und der Wasserkrug*), dann besteht sie aus einer *Setzung* (Kessel/Reimann ^{4}2012: 2). Setzungen sind entweder nur ein Wort, ein Name oder eine Nominalgruppe.

Texte können, wie in Beispiel 3, nur aus elliptischen Sätzen und Setzungen bestehen. Die acht MTE sind durch satzschließende Satzzeichen abgegrenzt.

Beispieltext 3

(1) *Suche neuen Wirkungskreis!* (2) *Anfang 40;* (3) *Diplom-Betriebswirt (FH, Betriebswirt für Industrial Engineering (REFA) und Groß- und Außenhandelskaufmann (IHK) mit Erfahrung in verschiedenen Bereichen (Handel/Luftfahrt/Weltraum, Zulieferer).* (4) *Zuletzt langjährige Erfahrung in der Einführung, im Aufbau und in der stetigen Weiterentwicklung eines Controllings.* (5) *Analytische und leistungs-/gewinnorientierte Denk- und Arbeitweise.* (6) *Soft Skills vorhanden.* (7) *Suche neuen interessanten Wirkungskreis in Festanstellung und Vollzeit.* (8) *Gerne auch in neuen Unternehmensbereichen.*
(aus: Mittelbayerische Zeitung, 16./17. 2. 2013)

1.2 Positionen der Minimalen Textgrammatischen Einheit

Meist sind die MTE kontinuierlich horizontal gereiht, vgl. Beispieltext 1 und 2, wobei sich durch graphische Begrenzung am Rand in den Zeitungen „Spalten" ergeben. Die kontinuierliche Reihung der MTE wird z. B. in Gedichten durch die Verteilung der MTE auf je eine Zeile durchbrochen. Bei Gedichten können MTE eine ganze Strophe (wie in Beispieltext 4) oder Teile einer MTE auch Teile einer Strophe füllen.

Beispieltext 4

Ich stand auf Berges Halde,
Als heim die Sonne ging,
und sah, wie überm Walde
Des Abends Goldnetz hing.

(Friedrich Rückert, Abendlied, 1. Strophe, aus: Ernst Theodor Echtermeyer/ Benno von Wiese: Deutsche Gedichte, Düsseldorf 1960: 426)

1.3 Die Parenthese

Wie Beispieltext 2b bei MTE 1 und MTE 2 zeigt, kann auch bei kontinuierlicher Reihung der MTE eine MTE in eine andere MTE „eingeblendet" sein. Die eingeblendete MTE wird *Parenthese* (*Schaltsatz*) genannt; sie unterbricht die Struktur des Satzes, in den sie eingeblendet ist (*Trägersatz*), und den Textverlauf, der gleichsam auf eine zweite Ebene gehoben wird. Aus der Innenperspektive betrachtet, sind Parenthesen zwar meist Sätze; sie können aber auch die Form von Satzäquivalenten, Ellipsen oder Setzungen annehmen und selbst Apostrophen, also Anreden, sein.

Im **Beispieltext 5**

Diesen Abschnitt, verehrte Hausfrau, brauchen Sie nicht unbedingt zu lesen. (...)

(aus: Nina Baderschneider: Wasch Maschine! Untersuchungen zur Diachronie von Gebrauchsanweisungen. Magisterarbeit, Universität Regensburg 2011: 63, http://epub.uni-regensburg.de/28916/1/Baderschneider_Wasch_Maschine!.pdf. Letzter Zugriff am 02.05.2015)

ist die Parenthese *verehrte Hausfrau* syntaktisch eine Nominalgruppe, funktional ein Appell (Anrede).

Die Parenthese ist zwar syntaktisch nicht, z. B. als Nebensatz, mit dem Trägersatz, verbunden, sehr wohl aber textgrammatisch, wie an folgendem Beispiel gezeigt wird:

Beispieltext 6

Die Funktion der meisten Schmerzen – wir nennen sie deshalb Alarm-Schmerzen – ist der Schutz unseres Bewegungssystems.

(aus: Werbeschrift „Schmerzfrei leben" 2012: 24)

Die Passage besteht aus zwei MTE: einem Trägersatz und einer Parenthese zwischen paarigen Gedankenstrichen. Die Parenthese ist anaphorisch (s. Kap. II.2.1.1.1) durch das Pronomen *sie* und durch die lexikalische Repetition von *Schmerzen* (s. Kap. II.2.1.1.2) mit dem Trägersatz verbunden, stärker allerdings kataphorisch durch das deiktische Pronomen *wir* und den kausalen Konnektor *deshalb*. Ferner besteht eine Hyponymie zwischen *Schmerzen* zu *Alarm-Schmerzen* (s. Kap. II.2.1.1.2) sowie kulturell begründete Kontiguität (s. Kap. II.2.3) zwischen *Alarm* und *Schutz*.

Eine weitere wichtige Beobachtung – über diese Beispiele hinaus – ist die uneinheitliche, orthographisch nicht geregelte Markierung der Ränder der Parenthese bzw. die Markierung der Abgrenzung zum Trägersatz. Die Aussage, dass die Markierung per paarigen Satzzeichen, und zwar meist durch zwei Gedankenstriche oder durch Klammern, erfolgt, berücksichtigt leider nicht, dass Autoren/innen oder Lektoren die Satzzeichen nach ihrem Stilempfinden und aus rein graphischen Gründen, z. B. auch als Komma-Ersatz, einsetzen, ohne Rücksicht auf die textgrammatischen Bezüge. Deshalb wird vorgeschlagen, klar zu trennen zwischen *graphischen Parenthesen* einerseits, das sind alle Syntagmen, die zwischen paarigen Interpunktionszeichen stehen, und *(text-)grammatischen Parenthesen* andererseits, das sind MTE, die in eine andere MTE mit unterschiedlicher Markierung eingeschaltet sind (Greule 2005: 166 f.).

Die bisherige Forschung hat darüber hinaus ergeben, dass Parenthesen nicht nur aus einer MTE bestehen können, sondern auch aus mehreren. Dadurch wird ihr Status als eigener Text deutlich. (Graphische) Parenthesen sind dann, auch wenn sie nur *eine* MTE umfassen, textologisch den Paratexten vergleichbar, die wie die Überschrift oder die Fußnote einen Kerntext gleichsam umgeben und auf diesen inhaltlich bezogen sind (vgl. Abel 2009). Da die Parenthesen aber in den Text integriert sind und nicht über, unter oder neben dem Kerntext stehen, nennen wir sie *Intratexte*. Man könnte vereinfacht sagen, Parenthesen sind in den Kerntext aufgenommene Fußnoten. Sie erinnern an die Praxis in wissenschaftlichen Texten, kurze Literaturangaben eingeklammert in den Text zu integrieren, statt sie in Fußnoten zu setzen. Von den Subtexten, z. B. Zitaten, unterscheiden sich die Intratexte dadurch, dass Subtexte in eine MTE syntaktisch integriert bzw. ihr untergeordnet sind.

Der Autor des folgend gewählten **Beispieltextes 7 „Tagsüber dieses strahlende Blau" (2009)**, Stefan Mühldorfer, ist 1962 geboren, war in der Presse- und Öffentlichkeitsarbeit tätig und war Filmredakteur und PR-Berater. Der Roman fällt aufgrund seiner Fülle von Parenthesen auf. Laut Inhaltsangabe in der dtv-Ausgabe geht es um einen Versicherungsmakler, der mit Frau und Sohn in einem unscheinbaren Viertel in Hamilton (Ontario) lebt.

> „An einem Freitagmorgen bricht er auf in einen ganz normalen Arbeitstag. Der Himmel ist strahlend blau (...) – und doch wird vieles anders sein als sonst."

Von der Werbung wird behauptet, dass es sich um einen grandiosen, mit verblüffender Leichtigkeit und Eleganz geschriebenen Roman handelt.

Ob die „Leichtigkeit" und „Eleganz" sich auch sprachwissenschaftlich nachweisen lässt und ob damit die Parenthesen zu tun haben, interessiert aus textgrammatischer Sicht. Dafür wurden exemplarisch die beiden ersten Kapitel des Romans untersucht (S. 7–34), und zwar im Hinblick

1. auf das Vorkommen paariger Satzzeichen
2. auf die Art der Parenthesen und
3. auf die interne Struktur der grammatischen Parenthesen.

Zu (1): Bei den paarigen Satzzeichen favorisiert Mühldorfer die (runde) Klammer neben dem Gedankenstrich; den Gedankenstrich setzt er auch an Stellen, wo man nach den Regeln der Orthographie ein Komma erwarten würde. Selten wird das Komma zur Markierung der Parenthese benutzt.

Zu (2): Paarige Satzzeichen signalisieren bei Mühldorfer sowohl graphische als auch grammatische Parenthesen. Graphische Parenthesen sind meist zwischen Klammern gesetzte sequenzielle und nicht unterbrechende MTE mit der Funktion der Hintergrundinformation, fast wie beim Beiseitesprechen, z. B.

> *Kala atmet ruhig (...) Sie dreht mir den Rücken zu, so dass ich nicht einmal ihren Nacken mit den kurz rasierten schwarzen Haaren sehe. (Wenn ich hinter ihr stehe, bin ich immer versucht, sie dort zu küssen.) Dass ich vor ihr wach bin (...)* (S. 11)

Zu (3): In den beiden ersten Kapiteln (auf 27 Druckseiten) wurden 33 grammatische Parenthesen gezählt. Davon bestehen 17 aus einfachen Sätzen, vier aus Satzgefügen, fünf aus weiterführenden Nebensätzen, eingeleitet mit *was*... Kürzungen in Gestalt von Ellipsen kommen viermal vor. Besonders fallen die Ausweitungen auf: An drei Stellen (S. 16, 17, 23) besteht die Parenthese aus mehreren MTE, an einer Stelle (S. 31) findet sich sogar die komplexe Struktur „Parenthese in Parenthese", wobei die übergeordnete Parenthese in Klammern gesetzt ist, während die eingeschaltete Parenthese zwischen Gedankenstrichen steht. Angesichts der großen Zahl und Dichte der Parenthesen kann man von einer Stileigentümlichkeit des Autors sprechen – wie übrigens auch im „Parfum" von Patrick Süskind. Mühldorfer imitiert damit das „Sprechen" seines Helden in Gedanken, und mit der parenthetischen Schreibweise gelingt es ihm offensichtlich, das Denken des ICH-Erzählers auf verschiedenen Ebenen darzustellen. Allerdings stimmt diese Beobachtung in keiner Weise mit der oben zitierten Einschätzung im Rahmen der Werbung überein, der Roman sei „mit verblüffender Leichtigkeit und Eleganz geschrieben".

Die Parenthese wird jedoch in der Forschung (Stilistiken) durchaus als Stilmittel klassifiziert. Bernhard Sowinski (1991: 97) beschreibt die Parenthese nur rein formal-grammatisch. Laut Georg Michel (2001: 67, 104) ist der Zweck der Parenthese „die Fokussierung sprachlicher Elemente und Beziehungen im Text"; ein hoher Anteil an Parenthesen sei kennzeichnend für die gesprochene dialogische Rede. Hans-Werner Eroms (2008: 191) zitiert zusätzlich Wilhelm Schneider (1969): „Die Aussage wirkt ungezwungen, aus dem Stegreif gesprochen, lebendig" – weil mit der Parenthese sukzessive Konstruktionen umgangen werden.

Ist zusammenfassend davon auszugehen, dass Parenthesen als Satzunterbrechungen ihren „Sitz im Leben" dort haben, wo bzw. wenn spontan und ungeplant gesprochen wird, dann scheint es, dass bei modernen Autoren der Belletristik der parenthetische Schreibstil, der teils auch zu einer Kunstform entwickelt wurde, der Imitation gesprochenen Sprechens dienen soll.

Dieses Prinzip wird in der Satire von Loriots „Bundestagsrede" ad absurdum geführt, indem der vom Satiriker verspottete Redner mit sogenannten „Pseudoparenthesen" (Huber 2013) Sprechhülsen produziert. Ein Beispiel aus dieser „Rede" lautet:

Beispieltext 8

Erstens das Selbstverständnis unter der Voraussetzung, zweitens – Und das ist es, was wir unseren Wählern schuldig sind – drittens: die konzentrierte Beinhaltung als Kernstück eines zukunftweisenden Parteiprogramms.

(aus: Jenny Huber: Sprachwissenschaftliche Analyse eines satirischen Textes mit Blick auf die Zusammenhänge zwischen Humor und Literatursprachlichkeit. Seminararbeit an der Universität Regensburg, Sommersemester 2013)

Die Absurdität der Aussage besteht unter anderem darin, dass zwar eine grammatische Parenthese gebildet wird, dass aber der zweite Teil des Trägersatzes fehlt und die Bezüge zu den umgebenden MTE völlig unklar sind.

2. Vernetzung der Minimalen Textgrammatischen Einheiten

Der Terminus *Vernetzung* (auch *Verknüpfung, Verkettung, Verflechtung*) sprachlicher Einheiten zu einem Text bezeichnet den Vorgang bei der Sprachproduktion (auch *Vertextung*), der es dem Hörer/Leser bei der Rezeption des Textes ermöglicht, sprachliche Einheiten sukzessive, Schritt für Schritt, aufeinander zu beziehen und so einen Text-Sinn, einen sinnvollen Zusammenhang im Text zu erschließen. Auch die Etymologie des Wortes *Text* (lateinisch *textus* ‚Gewebe') weist darauf hin, dass Texte als „Gewebe", als Konstruktionen aus sprachlichen Einheiten mit großer Ausdehnung, verstanden wurden.

Die Textgrammatik beschreibt die Vertextung modellhaft als sukzessive Vernetzung der MTE, wozu Einheiten aller Ebenen des Sprachsystems aktiviert werden können: Phonie, Orthographie, Lexik/Onomastik, Syntax, Semantik. Zwei MTE sind dann vernetzt, wenn in MTE 1 ein sprachliches Element (z. B. der Name *Adenauer*) in MTE 2 wiederholt (repetiert) wird.

Beispieltext 9

(MTE 1) *Konrad Adenauer trat 1906 dem Zentrum bei.* (MTE 2) *Als Gegner des Nationalsozialismus befand sich Adenauer 1944 in Haft.* (MTE 3) *Nach 1945 wurde er zu einem maßgeblichen Politiker beim Aufbau der BR Deutschland.*

(gekürzt aus: Meyers Taschenlexikon 1996)

Die Vernetzung wird beim Hörer/Leser dadurch erreicht, dass oder wenn er das Sprachzeichen *Adenauer* als Personennamen erkennt (die entsprechende Weltkenntnis vorausgesetzt), das Zeichen *Adenauer* beide Male auf die Person Konrad Adenauers (1876–1967) bezieht und dadurch MTE 1 und MTE 2 miteinander verknüpft. Im MTE 3 erfolgt eine weitere Bezugnahme über das Personalpronomen (*er*) (s. Kap. II.2.1.1.2; s. a. unter Exkurs Koreferenz).

Exkurs: Referenz

Referenz bedeutet, dass ein Sprecher/Schreiber mittels eines sprachlichen Ausdrucks (Referenzmittel/RM, z. B. *Adenauer*) auf einen bestimmten Menschen, Gegenstand oder eine Handlung (außersprachliches Referenzobjekt, RO) Bezug nimmt (referiert) (Kessel/Reimann[4] 2012). Die Sprecher/Schreiber können die Referenz mit folgenden Referenzmitteln herstellen:

1. durch Eigennamen (Nomina propria), z. B. *Konrad Adenauer*
2. durch determinierte und attribuierte Appellative, z. B. *eine durstige Krähe, die Krähe, viele Quellen*
3. durch Deiktika (Kap. II.2.1.3), z. B. *jetzt, hier, ich, du*
4. durch Pro-Formen (s. u. Kap. II.2.1.1 grammatische Verweisausdrücke), z. B. (Adenauer) *er*; (die Krähe) *sie*.

Koreferenz

Dass der Hörer/Leser sich mehr als ein Mal mittels eines oder mehrerer Sprachzeichen auf ein Referenzobjekt (RO) bezieht, wird als *Koreferenz* bezeichnet. Vertextung kommt aber nur zustande, wenn die Koreferenz sich auf mindestens zwei MTE – wie in Beispieltext 9 – erstreckt (paarige Koreferenz, Koreferenzpaare). Diese Art der Koreferenz wird *transphrastische Koreferenz* (oberhalb der MTE) genannt – im Unterschied zu Koreferenz, die in den Grenzen eines Satzes bleibt (*intraphrastische Koreferenz*). Da Texte in den meisten Fällen aus mehr als zwei MTE bestehen, erstreckt sich die Vernetzung über mehr als zwei MTE. Im Beispieltext 9 wird die Koreferenz in der MTE 3 durch das Pronomen *er* weitergeführt. Bei mehr als zweifacher Koreferenz (multiple Koreferenz, Kap. II.2.1.2) bilden die koreferierenden Sprachzeichen eine *Referenzkette*. In Beispieltext 9 bilden *Adenauer – Adenauer – er* eine Referenzkette.

2.1 Vernetzung durch Koreferenz

Die Koreferenz ist das wichtigste Mittel der Vertextung. Die Vernetzung der MTE durch Koreferenz kann paarweise (Kap. II.2.1.1) und durch mehr als zweifache Referenz (Kap. II.2.1.2) erfolgen. Ein Sonderfall ist die Koreferenz, bei der die Referenzmittel Deiktika sind (Kap. II.2.1.3).

2.1.1 Paarige Koreferenz (Topik, Koreferenzpaar)

Wird in zwei verschiedenen MTE auf ein und dasselbe RO referiert, dann wird der sprachliche Ausdruck, mit dem der Sprecher/Schreiber die erste Referenz (in MTE 1) ausführt, *Bezugsausdruck* (BA), der Ausdruck, mit dem er die zweite Referenz in MTE 2 und alle weiteren Referenzen (R) ausführt, *Verweisausdruck* (VA) genannt. Als Terminus für das Paar der koreferierenden Ausdrücke wird (der) *Topik* verwendet. Der BA steht meist, aber nicht immer, am Textbeginn.

Formel: MTE 1 enthält BA_R – MTE 2 enthält VA_R

Am Textbeginn kann der Sprecher/Schreiber den BA (Erstreferenz) in unterschiedlicher Art und Weise (unterschiedliche *Referenzmodi*) gestalten.

1. durch *definites Referieren*: Sprecher/Schreiber referiert mit Hilfe eines Eigennamens oder eines Deiktikums oder einer „Beschreibung“, um das RO als Fixpunkt zu markieren und beim Hörer/Leser ein eindeutiges Identifizieren des RO zu erreichen (z. B. *Konrad Adenauer* in Beispieltext 9).
2. durch *hörer-indefinites Referieren*: Sprecher/Schreiber gibt zu verstehen, dass er sich auf etwas für ihn Identifizierbares bezieht, das aber Hörer/Leser noch nicht identifizieren kann (*Einmal, es war …* s. Beispieltext 2).
3. durch *sprecher- und hörer-indefinites Referieren*: Das RO kann weder vom Sprecher/Schreiber noch vom Hörer/Leser identifiziert werden (*Peter sucht eine Frau mit viel Geld*).
4. durch *generisches Referieren*: Sprecher/Schreiber gibt Urteile über Klassen von RO an, z. B. *Kinder plantschen gern.*

2.1.1.1 Vernetzungsrichtung

Die Richtung der Vernetzung entspricht dem normalen Textverlauf von links nach rechts. Das Verhältnis von BA zu VA wird dann als *anaphorisch* bezeichnet, wenn die Zweitreferenz durch ein Pronomen (Grammatische Verweisausdrücke, Kap. II.2.1.1.2) erfolgt oder wenn der Begriffsumfang (*Extension*) der Zweitreferenz gegenüber der Erstreferenz größer/unspezifischer ist bzw. das Referenzmittel (RM) weniger Inhalte umfasst als das RM bei der Erstreferenz. Dies wird klar, wenn einerseits der BA *eine Krähe* (mit den semantischen Merkmalen ‚mit den Raben verwandter, großer Vogel mit schwarzem metallisch schimmerndem Gefieder und kräftigem Schnabel‘) und der VA *sie* (wie in Beispieltext 2) lautet oder wenn andererseits der VA *der Vogel* lauten würde.

Die Umkehrung der Vernetzungsrichtung, z. B. bei einer Frage wie:
Wer (VA) *war ein maßgeblicher Politiker beim Aufbau der BR Deutschland*?
Antwort: *Konrad Adenauer…* (BA)
wird *kataphorisch* genannt. Das heißt, dass in solchen Fällen der VA in der MTE links/vor der MTE mit dem BA steht.

2.1.1.2 Verweisausdrücke

Die VA werden im Verlauf des Textes meistens variiert und repetieren den BA nicht in identischer Formulierung. Der BA wird, obwohl Referenzidentität besteht, aus stilistischen Gründen nicht immer identisch wiederholt. Wir unterscheiden zwei Arten von VA: (a) lexikalische Verweisausdrücke, (b) grammatische Verweisausdrücke.

– Lexikalische Verweisausdrücke (lexVA)

Die lexikalischen Verweisausdrücke funktionieren dreidimensional:

1. Sie haben eine transphrastische Funktion: Sie verweisen auf einen Bezugsausdruck.
2. Sie enthalten ein lexikalisches (autosemantisches) Sprachzeichen (Lexem), das von einem Artikelwort (Duden, Grammatik, [8]2009: 249–263) und Attributen (Kessel/Reimann, [4]2012: 31–35) begleitet sein kann.
3. Sie haben auch eine intraphrastische Funktion; denn sie sind im Trägersatz (= MTE) Satzglieder oder Satzgliedteile.

(Konstruiertes) Beispiel: (MTE 1) *Es war einmal eine Krähe*. (MTE 2) *Der große Vogel hatte Durst.*

Der lexVA *Der große Vogel* verweist anaphorisch auf den BA *eine Krähe*; er enthält das Lexem *Vogel*, das von dem bestimmten Artikel *der* und dem Adjektivattribut *große* begleitet ist, und er ist im Satz MTE 2 das Subjekt.

Kategorien der lexikalischen Verweisausdrücke

Bei anaphorischer Verweisung unterscheidet man lexVA, die entweder (1) das Lexem des BA wiederholen (*Lexem-Repetition*), z. B. BA *ein König* – VA *der König*

oder (2) die im Verhältnis der *Lexem-Similarität* (Lexem-Ähnlichkeit) zum BA stehen, z. B. durch Wortkürzung (BA *ein Lastkraftwagen* – VA *der LKW*) oder durch Bildung eines Kompositums (BA *ein Attentat auf das Gaswerk* – VA *das Gaswerk-Attentat*)

oder (3) die im Verhältnis der *Lexem-Alterität* (Lexem-Andersartigkeit, auch Lexemsubstitution) zum BA stehen.

Bei Lexem-Alterität wird ein gänzlich anderes, aber referenzidentisches Lexem als VA gewählt. Dies ist besonders bei Synonymie (Bedeutungsgleichheit) möglich (BA *ein Briefträger* – VA *der Postbote*). Darüber hinaus können lexVA auch im Verhältnis

- der Hyponymie (Unterbegrifflichkeit, z. B. BA *Ein Vogel* – VA = Hyponym *die Schwalbe*)
- der Hyperonymie (Oberbegrifflichkeit, z. B. BA *Ein Helles bitte!* – VA = Hyperonym *Hier Ihr Bier!*)

- der Metapher (BA *eine Zigarette* – VA *der Sargnagel*) oder
- der Metonymie (BA *eine Suppenwürze* – VA *das Maggi*) zum BA stehen.

Lexem-Alterität ist begründet entweder

1. durch Weltkenntnis (Das weiß man!), z. B. BA *Goethe* – VA *der Faust-Dichter* oder
2. durch Textkenntnis (kotextuell), z. B. BA *Mein Mann* – VA *als Schauspieler* (Dass der Mann der Sprecherin Schauspieler ist, ergibt sich erst aus dem Text).

LexVA finden sich nicht nur bei Kontaktverflechtung, sondern dienen auch der Renominalisierung in einer Referenzkette (siehe unten Kap. II.2.1.2).

– Grammatische Verweisausdrücke (gramVA)

Grammatische Verweisausdrücke, die auch *Pro-Formen* genannt werden, sind in der Grammatik erfasste Sprachzeichen. Sie sind – im Unterschied zu den Lexemen – ohne begriffliche Bedeutung. Ihre Funktion im Textverlauf besteht darin, den Rezipienten anzuweisen, sich auf einen im Kotext vorausgehenden oder nachfolgenden autosemantischen Ausdruck (BA) zu beziehen. Sie enthalten deshalb die Information ‚im Prätext bereits genannt' (= anaphorischer/rückwärts verweisender gramVA) oder ‚wird im Posttext noch genannt' (= kataphorischer/vorwärts verweisender gramVA).

Wie die lexVA funktionieren auch die gramVA mehrdimensional, genau: zweidimensional:

1. Sie haben entsprechend der Definition transphrastische Funktion und verweisen auf einen Bezugsausdruck.
2. Sie haben auch eine intraphrastische Funktion; denn sie sind im Trägersatz (= MTE) Satzglieder oder Satzgliedteile (siehe dazu Kap. II.2.1.1.3).

Kategorien der grammatischen Verweisausdrücke

Man kategorisiert die gramVA nach der Wortart des BA (!) und bringt dies auch in der Terminologie zum Ausdruck: Pro-*Nomen*/Pro-*Substantiv*, Pro-*Adjektiv*, Pro-*Adverb*, Pro-*Verb*/Pro-*Prädikat*, Pro-*Satz*, Pro-*Text*. Lateinisch *pro* bedeutet ‚für, anstelle von'. Die meisten Pro-Formen gehören allerdings zur Wortart Pronomen (anaphorische Personalpronomen, Demonstrativpronomen, Possessivpronomen, Interrogativpronomen) (Kessel/Reimann: ^{4}2012: 65 f.) und Adverb (Pronominaladverbien) (Kessel/Reimann ^{4}2012: 67).

1. *Pro-Substantive* (der Terminus *Pro-Nomen* sollte für die Wortart Pronomen reserviert sein und als Name einer Pro-Form vermieden werden). Die Pro-Form Pro-Substantiv bezieht sich auf einen BA mit einem Nomen/Substantiv als Kern, z.B. anaphorisch: BA *Eine Krähe* – gramVA *sie*; kataphorisch: gramVA *Wen* (*siehst du*)? – BA *den Papst.*
2. *Pro-Adjektive* sind Pro-Formen, die sich auf ein Adjektiv als BA beziehen, z.B. anaphorisch: *Peter hat ein rotes Auto.* (BA = Adj. *rotes*) *So ein Auto/ein derartiges Auto hätte Klaus auch gerne.* (VA = *so ein/ ein solches*); kataphorisch: *Wie war es in Italien?* (VA = *wie*) *Heiß!* (BA = Adj. *heiß*).
3. *Pro-Adverbien* (Pro-Adverbiale) sind Pro-Formen, die sich auf eine Umstandsbestimmung (Adverbiale) beziehen, z.B. anaphorisch: (*Der Zug fährt*) *nach Regensburg. Dorthin* (*wollte Klaus schon lange.*); kataphorisch: *Wohin* (*fährt Klaus?*) (*Er fährt auch*) *nach Regensburg.*
4. Pro-Verben (Pro-Prädikate) sind Pro-Formen, die sich auf ein Prädikat beziehen, z.B. anaphorisch: *Peter geht heute zum Länderspiel. Paul tut dies nicht.*; kataphorisch: *Was macht Peter? Er geht heute zum Länderspiel.* Das Pro-Verb (*tun, machen*) ist stets mit einem Verweisausdruck (*dies, was*) verbunden.
5. Pro-Satz und Pro-Text beziehen sich auf einen Satz bzw. auf einen Text, z.B. anaphorisch: *Es hat geschneit. Das* (= Pro-Satz) *interessiert mich nicht.*; kataphorisch: *Was* (Pro-Satz) *ist denn los? Es hat geschneit.*

2.1.1.3 Syntaktisches Verhältnis von BA zu VA

Für die Erschließung des Textsinns ist das Wissen um die syntaktische Funktion, die BA und VA in der MTE, in die sie „eingebettet sind", einnehmen, wichtig und hilfreich. Haben BA und VA die gleiche syntaktische Funktion als Satzglied oder Attribut, dann liegt ein *homosyntaktisches* Verhältnis vor. Ist ihre Stellung in den jeweiligen MTE unterschiedlich, dann liegt ein *heterosyntaktisches* Verhältnis vor.

Beispiel für ein homosyntaktisches Verhältnis:

Ein Mann (BA = Subjekt) *hat heute bei uns geklingelt. Dieser Mann* (VA = Subjekt) *hat ein Paket abgeliefert.*

Beispiele für ein heterosyntaktisches Verhältnis:

(*Die Erinnerung*) *an diesen Menschen* (BA = Attribut) (*wird nicht verblassen*). *Dieser Mensch* (VA = Subjekt) *hat nämlich den Nobelpreis bekommen.*

Meine Frau (BA = Subjekt) *hat mich verlassen. Diese Frau* (VA = Objekt) *habe ich mal geliebt.*

Berlin (BA = Subjekt) *gefällt mir besonders gut. In dieser Stadt* (VA = Adverbiale) *war ich zum ersten Mal verliebt.*

Peter kommt nicht mit ins Kino (BA = Satz). (*Der Grund*) *dafür* (VA = Attribut) *ist, dass er noch eine Arbeit schreiben muss.*

! Die Basis der Klassifikation ist immer das Satzglied.

2.1.2 Multiple Koreferenz/Referenzkette

Die Vertextung ergibt sich normalerweise durch mehr als zweifache Referenz, indem die Koreferenz auf mehrere Verweisausdrücke ausgedehnt und zu einer Referenzkette ausgebaut wird.

Formel: MTE 1 mit BA_R – MTE 2 mit VA_R – MTE 3 mit VA_R – MTE_n

! Beachte: Der Referenz-Index R ist bei allen referierenden Ausdrücken gleich.

In diesem Zusammenhang ist auch darüber zu sprechen, wie die Referenzketten im Hinblick auf die Abfolge lexikalischer und grammatischer Verweisausdrücke aufgebaut sein müssen (siehe Thurmair 2005: 81: „kataphorische Vollform – anaphorische Vollform – Pronomen – Pronomen – Pronomen …", z. B. *ein Mann – der Mann – er – er – er …*). Zur Berücksichtigung eines für die Verständlichkeit noch angemessenen Vernetzungsabstands siehe die weiteren Ausführungen in diesem Kapitel.

Im Beispieltext 2b wird in neun MTE 16 Mal auf DIE KRÄHE referiert: (MTE 4) *eine durstige Krähe* – (MTE 5) *sie … sie … sie* – (MTE 6) *Sie … ihren* (Kopf) – (MTE 8) *die Krähe … ihren* (Hals) – (MTE 9) *sie … (mit) ihrem* (Schnabel) – (MTE 10) *sie* – (MTE 11) *sie* – (MTE 12) *die Krähe … sie* – (MTE 13) *Die Krähe … sie.*

Formal: MTE 4 (BA) – MTE 5 (3 VA) – MTE 6 (2 VA) – MTE 8 (2 VA) – MTE 9 (2 VA) – MTE 10 (1 VA) – MTE 11 (1 VA) – MTE 12 (2 VA) – MTE 13 (2 VA).

Man kann diese Referenzkette als ziemlich „dicht" (intensiv) charakterisieren. Das Sprachmaterial ist allerdings wenig variiert; außer dem viermaligen Lexem *Krähe* kommen nur Pro-Formen vor.

Vernetzungsabstand

Wie die formale Darstellung der Referenzkette KRÄHE (Beispieltext 2b) zeigt, wird in der MTE 7 nicht auf die KRÄHE referiert. Die ansonsten kontinuierliche (dichte) Kette ist an dieser Stelle unterbrochen. Im Textverlauf kann eine

Referenzkette dergestalt unterbrochen sein, dass in der unmittelbar folgenden MTE kein VA dieser Referenzkette steht und die Referenzkette erst in der übernächsten MTE wieder aufgenommen wird. Ist dem so, liegt *Distanzverflechtung* vor. Durch Distanzverflechtung entsteht eine Lücke in der Referenzkette. Ist die Referenzkette nicht durch eine MTE unterbrochen, wie in Beispieltext 9, dann liegt *Kontaktverflechtung* vor.

Würde der Beispieltext 9 aber lauten:

(MTE 1) *Konrad Adenauer trat 1906 dem Zentrum bei.* (MTE 2) *Als Gegner des Nationalsozialismus befand sich Adenauer 1944 in Haft.* *(MTE 3) Die Nationalsozialisten herrschten in Deutschland von 1933–1945. (MTE 4) *Nach 1945 wurde er/Adenauer zu einem maßgeblichen Politiker beim Aufbau der BR Deutschland.*

dann läge (zwischen MTE 2 und MTE 4) Distanzverflechtung bei der Referenzkette *Adenauer* vor.

Renominalisierung

Die Unterbrechung der Kette mit dem BA *Konrad Adenauer* durch die *MTE 3 hätte auch zur Folge, dass die Kette nach der Unterbrechung nicht durch ein Pronomen wiederaufgenommen werden könnte, sondern zur Erleichterung des Verständnisses der Name *Adenauer* wieder genannt werden sollte. Man kann beobachten, dass nach einer gewissen Abfolge von grammatischen Verweisausdrücken innerhalb einer Referenzkette oder nach Unterbrechung der Kette bei Distanzverflechtung der Bezugsausdruck entweder wörtlich oder zumindest durch eine lexikalische Verweisform wieder genannt wird, um gewissermaßen den roten Faden des Textsinns wieder sichtbar zu machen. Dass die Referenzkette nach einer Anzahl von gramVA durch einen lexVA präzisiert wird, wird Renominalisierung genannt.

Die Renominalisierung durch identische Wiederholung des BA *Krähe* lässt sich gut an der Referenzkette KRÄHE in Beispieltext 2 verfolgen: Renominalisierung in MTE 8 und MTE 11/12.

2.1.3 Sonderfall Deiktische Koreferenz/Vernetzung durch Deiktika

Die Deixis (griechisch *déixis* ‚das Zeigen') ist eine besondere Form der Referenz im Übergangsbereich von der Koreferenz und der Referenzverschiedenheit (Kap. II.2.2–2.3). Mit eigenen sprachlichen Mitteln, den Deiktika (z. B. *ich, du, hier, jetzt*), stellt der Sprecher in der face-to-face-Kommunikation einen Bezug auf Objekte her, die innerhalb des dem Sprecher und Hörer gemeinsamen Wahrnehmungsraumes oder wenigstens relativ zur jeweiligen Kommunikationssituation lokalisiert sind. Da der Bezug auf das Deixisobjekt mit einer Hinweisgeste im gemeinsamen Wahrnehmungsraum verdeutlicht wird, sind die Deiktika auf geringes sprachliches Material (deiktische Pronomen und Adverbien) reduziert.

Beispieltext 10: Bildbeschreibung eines Kindes

„Das ist ein Bild von meinem Baum, in dem ich drin klettere. Hier ist es, wo er wächst, und hier kletter ich rauf – und da oben sitz ich – dort geht's runter, und das ist da, wo ich rausguck … Siehst Du das jetzt?"

(aus: Funkkolleg Sprache 2, 1973: 105)

Mit den Sprachzeichen *ich, mein* referiert das Kind auf sich, den Sprecher.
Mit *das, hier, da oben, dort* referiert das Kind auf das Bild und auf Stellen im Bild.
Mit *Du* referiert das Kind auf den Zuhörer/Zuschauer.
Mit *jetzt* referiert das Kind auf die Sprechzeit.

Demnach unterscheidet man *Personaldeixis* (Referenz auf Sprecher/Hörer), *Lokaldeixis* (Referenz auf den Ort der Kommunikationssituation) und *Temporaldeixis* (Referenz auf den Zeitpunkt der Kommunikation). Zum Tempus, einer temporaldeiktischen Kategorie, die nicht durch Deiktika, sondern durch Flexion des Verbs ausgedrückt wird, s. u. Kap. II.2.5.

Deiktische Sprachzeichen werden in schriftlicher Kommunikation auch dazu benutzt, um eine Kommunikationssituation zu simulieren, z. B. wenn in Werbeanzeigen der potentielle Käufer angesprochen wird:

Beispieltext 11

Studien belegen, dass Sie mit formoline L112 wesentlich mehr abnehmen können als ohne … Mit seiner herausragenden Fettbindungsfähigkeit unterstützt formoline L112 Ihre Ernährungsmaßnahmen deutlich. Schneller sichtbare Erfolge fördern somit auch Ihre Motivation dranzubleiben …
(aus: Gong, 16.3.-22. 3. 2013)

Insofern sich der Sprecher/Schreiber mit Deiktika auf die personalen, lokalen oder temporalen Fixpunkte der realen bzw. simulierten Kommunikationssituation bezieht, bilden die Deiktika eine eigene Referenzkette (*Deixiskette*). Deiktika sind typisch für die Textsorte Werbeanzeige, vor allem wegen der Rezipientenansprache. Über sich selbst sprechen in der Werbung häufig Testimonials (s. Kap. IV.2.1.2 *Alete*-Anzeige).

2.2 Vernetzung durch Menge-Element-Referenz

MTE können auch dadurch vernetzt sein, dass zuerst auf ein Referenzobjekt referiert wird, das eine Menge gleicher Elemente darstellt, und danach nur auf einzelne Elemente aus dieser Menge bzw. umgekehrt zuerst auf Elemente und danach auf die ganze Menge referiert wird.

a) Referenzvereinigung

In Beispieltext 1 wird in der MTE 1 referiert auf: (1) *einen holländischen Staatsbürger*, (2) *seinen Bruder* und (3) *dessen Lebensgefährtin*. In MTE 2 wird diese Menge, die aus drei Niederländern besteht, zusammengefasst bezeichnet als *Reisegruppe*, einen Mengenbegriff. Dieser Fall der Vertextung wird als *Referenzvereinigung* bezeichnet.

b) Referenzauflösung

Ein Beispiel für den umgekehrten Fall der *Referenzauflösung* findet sich zu Beginn des Grimmschen Märchens „Von einem der auszog das Fürchten zu lernen“:
(MTE 1) *Ein Vater hatte zwei Söhne*. (MTE 2) *davon war der älteste klug* (...).
(MTE 3) *der jüngste aber war dumm* (...).
(aus: Die Märchen der Brüder Grimm 1964: 26)

Die Referenz auf die Menge *zwei Söhne* wird aufgelöst durch die Referenz auf die „Elemente“ der Menge: *der älteste* (Sohn) und *der jüngste* (Sohn).

c) Referenzverkürzung

Anders geartet ist der Fall *der Referenzverkürzung*, die dann vorliegt, wenn zuerst auf eine ganze Menge referiert und danach nur auf ein oder einige Elemente, z. B. (MTE 1) *Die Jungs spielen Fußball.* (MTE 2) *Jakob steht im Tor.*

d) Referenzerweiterung

Der umgekehrte Fall, dass nämlich zuerst auf einige Elemente und dann aber auf die ganze, durch einen Allquantor (*all-*, *jed-*, *ganz-*) bezeichnete Menge referiert wird, wird als *Referenzerweiterung* bezeichnet, z. B. (MTE 1) *Rosen, Tulpen und Nelken wachsen in Mamas Garten.* (MTE 2) *Sie liebt aber alle Blumen.*

Wie bei der Koreferenz mit Referenzidentät sind auch bei der Menge-Element-Referenz die syntaktischen Verhältnisse (s. o. Kap. II.2.1.1.3) zwischen dem sprachlichen Ausdruck der Erstreferenz und dem sprachlichen Ausdruck der Zweitreferenz zu beachten.

2.3 Vernetzung durch Kontiguität (Partialität)

Keine Referenzidentität, sondern nur semantische Nähe besteht, wenn Kontiguität (von lateinisch *contiguus* ‚angrenzend, benachbart') als Vertextungsmittel eingesetzt wird. Wenn keine Referenzidentität zwischen einem BA und einem VA besteht, muss die Bezugnahme des VA auf den BA aufgrund der Weltkenntnis des Rezipienten herstellbar sein, wenn die Vertextung gelingen soll, z. B. BA *die Kinder* – VA *die Mutter*. Im Beispiel wird der Rezipient bei der Texterschließung aufgrund seines ontologisch begründeten Wissens, dass Kinder eine Mutter haben, beide Ausdrücke im Sinne der Vernetzung als BA und VA aufeinander beziehen.

Begründungen der Kontiguität:

- *logisch begründete Kontiguität* liegt vor, wenn die Sememe (Wortbedeutungen) zweier Text-Ausdrücke in faktenunabhängiger (logischer) Relation zueinander stehen, z. B. beim Verhältnis von Actio (*die Operation*) und Agens (*der Operateur*) oder beim Verhältnis von Actio (*die Verhandlungen*) und Actum (*das Ergebnis*) oder bei Antonymie (Gegensatzrelation) wie *der Sieg – die Niederlage*. Dies gilt auch für die drei Sememe von *ein Prüfling* (Patiens), *der Prüfer* (Agens) und *die Prüfung* (Actio/Actum).
- *ontologisch begründete Kontiguität* liegt vor, wenn die Sememe zweier Text-Ausdrücke in einem durch die Natur begründeten Verhältnis zueinander stehen, z. B. *ein Blitz – der Donner, ein Elefant – der Rüssel*
- *kulturell begründete Kontiguität* liegt vor, wenn die Sememe zweier Text-Ausdrücke in einer durch menschliche Schöpfung geschaffenen Beziehung zueinander stehen, z. B. *ein kleines Zimmer – auf dem Tisch, ein Gasthaus – die Wirtin, die Operation – die Ärzte*
- *durch Partialität* (Teil-Ganzes-Relation) ist die Kontiguität begründet, wenn im BA eine Ganzheit genannt wird und auf Teile der Ganzheit in den VA referiert wird (partes pro toto). Im Unterschied zur Teil-Ganzes-Relation (Kap. II.2.2) sind die „Teile" des Ganzen bei Partialität nicht gleichartig. Ein Beispiel für Vernetzung durch über den ganzen Text verteilte Partialität findet man im Beispieltext 2b: (die Ganzheit:) *Eine Krähe* (MTE 4) – (die Teile:) *ihren Kopf* (MTE 6) – *ihren Hals* (MTE 8) – *flügel*(schlagend) (MTE 9).

Exkurs: Situationell begründete Kontiguität

Die Vertextung durch verschiedentlich als „situationell begründete Kontiguität“ ist – genau genommen – ein Fall von Koreferenz mit kotextuell begründeter Lexem-Alterität, wobei BA und VA in Distanzstellung stehen (siehe Kap. II.2.1.1.1).

Beispiel: BA *Professor Boerne* – VA *der Schnäppchenjäger* (ARD „Tatort“, 23. 3. 2013. Aus Kontext und Kotext ergibt sich in dem Kriminalfilm, dass Professor Boerne ein Schnäppchen mit dem Kauf von Bananen gemacht hat.)

2.3.1 Syntaktisches Verhältnis von BA zu VA

Wie bei der Koreferenz (s. Kap. II.2.1) ist auch bei der Vernetzung durch Kontiguität das syntaktische Verhältnis von VA zu BA aufschlussreich.

Beispiel: (MTE 1) *Ich habe geweint.* (MTE 2) *Gelacht hat er.*

Das semantische Verhältnis von BA (*habe geweint*) zu VA (*gelacht hat*) ist ontologisch begründete Kontiguität. Da sowohl BA als auch VA das Prädikat (im Perfekt) bilden, stehen sie in homosyntaktischem Verhältnis zueinander.

Ein heterosyntaktisches Verhältnis liegt in folgenden Fällen vor:

- bei logisch begründeter Kontiguität: (MTE 1) *Einen Höhepunkt stellte die diesjährige Raritätenweinprobe* (= Subjekt) *dar.* (MTE 2) *Man hatte den besten Weinprobenleiter für dieses Fest gewonnen* (= Akkusativobjekt). Das semantische Verhältnis ist das von Actio zu Agens.
- bei ontologisch begründeter Kontiguität: (MTE 1) *Seit Tagen hatte es geregnet* (= Prädikat). (MTE 2) *An den Bergen stauten sich schwere schwarze Wolken* (= Subjekt).
- bei kulturell begründeter Kontiguität: BA *auf der Autobahn* (= lokales Adverbiale) – VA *Die Reisegruppe* (=Subjekt) (Beispieltext 1, MTE 1 und MTE 2)

2.3.2 Kombinierte Verweisausdrücke

Satzglieder, die im Hinblick auf den Bezugsausdruck sowohl ein referenzidentisches als auch ein nicht referenzidentisches Element enthalten, werden als kombinierte Verweisausdrücke bezeichnet.

Gestern ging ich mit meiner Schwester ins Kino. Ihr Lieblingsfilm wurde gezeigt.

Referenzidentität besteht zwischen *mit meiner Schwester* und *ihr* (Proform: Prosubstantiv vgl. Kap. II. 2.1.1.2), Wortart: Possessivpronomen). Nichtreferenzidentität liegt zwischen *mit meiner Schwester* und *Lieblingsfilm* vor.

2.4 Vernetzung durch Isotopie (Isosemie)

Mit *Vernetzung durch Isotopie* (auch Textisotopie) wird in der Textgrammatik das Phänomen benannt, dass ein und dasselbe semantische Merkmal (SM) in verschiedenen Lexemen eines Textes wiederkehrt und so ein Text auf rein semantischer Ebene vernetzt ist. Von daher erklären sich die Definition von Isotopie als „Rekurrenz auf wortsemantischer Ebene“ (Kessel/Reimann ^{4}2012: 209) bzw. der genauere Terminus *Iso-semie*. Die zu einer Isotopieebene gehörenden Lexeme sind nicht referenzidentisch. Das unterscheidet die Isotopie/Isosemie von der Vernetzung durch Koreferenz (Kap. II.2.1), wo Bezugsausdruck und Verweisausdrücke referenzidentisch sind, wenn es sich um Referenzketten im engeren Sinn handelt.

2.4.1 Semem, Sem und Klassem

Isotopie/Isosemie setzt die (theoretische) Zerlegung der Inhaltsseite von Sprachzeichen in einzelne semantische Merkmale (SM/Seme) voraus (Dekomposition), wie dies bei der Beschreibung von Wortbedeutungen (Sememe) in Wörterbüchern geschieht. So wird z. B. das Semem des Lexems *Wein* (im Duden-Universalwörterbuch) mit Hilfe von drei Semen beschrieben als: ‚aus dem gegorenen Saft der Weintraube hergestellt(es)‘ (= Sem 1) + ‚alkoholisch(es)‘ (Sem 2) + ‚Getränk‘ (Sem 3). Es ist anzunehmen, dass in einem Text, der sich mit Alkoholika befasst, das Sem ‚alkoholisch‘ in mehreren über diesen Text verteilten Lexemen vorkommt. Das wiederholt vorkommende Sem wird *Klassem* genannt, weil unter ihm eine Gruppe von Lexemen oder Ausdrücken zusammengefasst wird.

2.4.2 Feststellung der Klasseme

Um das Klassem oder die Klasseme eines Textes zu finden, empfiehlt es sich zunächst die Verben und Prädikate auf Isotopie/Isosemie zu überprüfen. In Beispieltext 1 fällt auf, dass in mehreren (einfachen und komplexen) Prädikaten das Sem ‚sich fortbewegen‘ vorhanden ist:

kam, war auf dem Rückweg (2)
waren … ausgestiegen, sich … die Beine zu vertreten (3)
sich … auflöste, fuhr … weiter (4)
„landeten“ (5)
ging es (7).

Dieses Sem ist aber nicht nur in Verben des Textes vorhanden, sondern auch in Substantiven wie *Reisegruppe* (2) = ‚eine Gruppe, die sich reisend fortbewegt‘, *die beiden Reisenden* (3) und *die Weiterfahrt* (6). Während es sich hier um Nominalisierungen von Verben (*reisen, weiterfahren*) und um Wortgruppen handelt, kann auch erwartet werden, dass das Sem (jetzt: das Klassem) sich auch in Substantiven findet, die sich auf den Raum beziehen, in dem die Fortbewegung stattfindet, z. B. mehrfach *Autobahn* (*A 3*) (1, 3 (zwei Mal), 5) und -*weg* (2, 5). Auch im Fortbewegungsmittel – *Taxi* (6) – findet sich das Sem.

Sememe können mittels ihrer unterschiedlichen Seme verschiedenen Isotopieebenen/Isosemieebenen angehören. In der Anekdote „Mutterliebe" von Heinrich von Kleist (s. Bračič/Fix/Greule 2007: 14) sind zum Beispiel drei Isotopieebenen/Isosemieebenen mit den Klassemen ‚zum Tod führend', ‚gewalttätiges Handeln' und ‚intensive körperliche Bewegung' feststellbar. Aufgrund seines Semems ‚durch Zudrücken der Kehle gewaltsam töten' gehört das Verb *erdrosselt* sowohl zur Isotopieebene/Isosemieebene mit dem Klassem ‚zum Tod führend' als auch zur Isotopieebene/Isosemieebene mit dem Klassem ‚gewalttätiges Handeln'.

2.4.3 Gefüge von Isotopieebenen/Isosemieebenen

Zu der mit dem Klassem ‚sich fortbewegen' gebildeten Isotopie/Isosemie kann im Beispieltext 1 eine zweite Isotopie/Isosemie festgestellt werden: Das den Gegensatz zu ‚sich fortbewegen' ausdrückende (antonymische) Sem ‚stillstehen' ist im Beispieltext ebenfalls als Klassem feststellbar: *Stau* (1, 3, 4), *ohne mitzunehmen* (4), *standen* (5), *mit den Zurückgebliebenen* (6). Im Unterschied zur Isotopie/Isosemie 1 ‚sich fortbewegen' ist die Isotopie/Isosemie 2 ‚stillstehen' im Beispieltext quantitativ und qualitativ weniger ausgeprägt; somit ist die Isotopie/Isosemie 1 ‚sich fortbewegen' in diesem Text dominant.

In der Werbeanzeige für ein Automobil (s. Bračič/Fix/Greule 2007: 14) sind Isotopien/Isosemien mit den Klassemen 1. ‚Fortbewegungsmittel im Straßenverkehr' und 2. ‚seltenes Vorkommen' feststellbar. Aus der Kombination beider Isotopien/Isosemien kann unter Berücksichtigung der Funktion eines Werbetextes, den Leser zum Kauf des beworbenen Produkts zu animieren, auf das Werbeziel der Anzeige geschlossen werden, nämlich: Kauf dieses ‚Fortbewegungsmittel im Straßenverkehr', weil es ‚selten vorkommt', d. h. exquisit ist und es nicht jeder hat.

Typisch für Werbeanzeigen ist das Klassem ‚positiv konnotiert'; mitunter findet sich antonymisch auch eine Isotopieebene/Isosemieebene ‚negativ konnotiert', was charakteristisch für die Problem-Lösung-Strategie bzw. eine inszenierte Vorher-Nachher-Situation ist.

Beispieltext 12

Supra-Text: *Das Basica®*
EnergiepaketFür volle Leistungskraft!

KT (Kleintext) 1: (MTE 1) *Stress im Alltag und einseitige Ernährung bringen den Körper an seine Grenzen.* (MTE 2) *Das kann auf Dauer zu anhaltenden Erschöpfungszuständen und einem Anstieg der Säurelast im Stoffwechsel führen.*

KT (Kleintext) 2: (MTE 3) *Die Basica® 14 Tage Intensiv-Kur*

- *unterstützt Energiestoffwechsel und Nerven*
- *reduziert Müdigkeit und Erschöpfung*
- *stabilisiert das Säure-Basen-Gleichgewicht*

(aus: Freundin 5/2014, 12.02.2014: 9)

Während im vergleichsweise klein gedruckten Kleintext 1 (s. Kap. III) die „Vorher-Situation" (Problem) durch negativ konnotierten Wortschatz (siehe die Unterstreichungen) ausgeführt wird, folgt in Kleintext 2 die Lösung des Problems durch das Produkt. Die Zusammenfassung – ebenfalls positiv konnotiert – wird im Supratext vorgenommen, welcher als Headline des Werbetextes die Aufmerksamkeit der Rezipienten auf sich ziehen soll.

! Gerade für Texte aus der Werbung ist es, wie gezeigt, typisch, eine positive Wirkung, die durch das beworbene Produkt hervorgerufen wird, zu versprachlichen. Es gibt allerdings keine Isotopieebene/Isosemieebene bzw. ein Sem ‚Wirkung', außer man stellt Wörter wie *Ergebnis, folgt, wirken* darunter. Eine Überprüfung ist leicht möglich: Passen die ausgewählten Ausdrücke auch kotextlos zur Isotopieebene/Isosemieebene, so ist die Zuordnung korrekt vorgenommen worden.

In **Beispieltext 2b** (Kap. II.1) lassen sich folgende Isotopien/Isosemien feststellen:

1. mit dem Klassem ‚Nicht-Vorhandensein-von-Wasser': Es ist impliziert in den Sememen der Ausdrücke *vertrocknen* (MTE 1), *versiegen* (MTE 3), *durstig, Suche nach Wasser* (MTE 4), *Durst* (MTE 12), vielleicht auch in *heißest* (MTE 2).
2. mit dem Klassem ‚sich intensiv bewegen': impliziert in den Sememen folgender Prädikate: *umherirren, suchen, hinabstürzen, recken, erreichen, aufflattern, flügelschlagend, umwerfen, kippen, erblicken, picken, werfen.*
3. mit dem Klassem ‚psychophysische Disposition' in den Sememen der Adjektive *durstig, erschöpft, enttäuscht, niedergeschlagen.*

Während das Klassem ‚Nicht-Vorhandensein-von-Wasser' die Erzählung gleichsam in Bewegung setzt oder begründet, sind die beiden anderen Isotopieebene/Isosemieebenen im Verlauf der Erzählung an den Zentralen Textgegenstand (s. Kap. II.3.1) KÄHE gebunden: die Isotopie/Isosemie mit dem mehrheitlich im Semem von Prädikaten vorhandenen Klassem ‚sich intensiv bewegen' benötigt KRÄHE als Agens; die Isotopie/Isosemie mit dem mehrheitlich im Semem von Adjektiven vorhandenen Klassem ‚psychophysische Disposition' benötigt KRÄHE als Zustandsträger.

Isotopieebenen/Isosemieebenen sind – unter rein semantischer Perspektive – für die Bestimmung des Textthemas (s. Kap. II.3) ebenso wichtig wie die Referenzketten.

! Alle Ausdrücke, die einer Isotopieebene/Isosemieebene zugeordnet werden, müssen das semantische Merkmal enthalten. Um Informationen aus dem Kotext zu erfassen, dürfen deshalb nicht komplexe Sprachzeichen/Wortgruppen angegeben werden. Dafür sind gegebenenfalls weitere Isotopieebenen/Isosemieebenen und/oder Referenzketten nötig.

! Vorsicht vor der Vermischung von Referenzketten und Isotopieebenen/Isosemieebenen (wird oft falsch gemacht!). Bei den Referenzketten (vgl. Kap. II.2.1.2) sind BA und VA wegen der Referenz in der Regel Substantive bzw. Nominalgruppen. Ausnahmen sind Proformen und Topiks mit Referenzverschiedenheit (Kontiguität). Das folgende fiktive Beispiel ist also falsch: *zur Entlastung* <u>*der Leber*</u> (BA/MTE 1) ... *leberschonend* (VA/MTE 2). Das Partizip *leberschonend* kann kein Verweisausdruck (VA) sein, da es nicht referiert.

An dieser Stelle ist noch die **Vernetzung durch Rekurrenz von Morphemen** anzuführen. Sie wird in der Forschung auch zur Isotopie/Isosemie gestellt (Fleischer/Barz [4]2012: 27).

(1) *»Gartenbau.org« ist das digitale Branchenverzeichnis, das speziell auf die Gartenbau-Branche zugeschnitten ist.*
(2) *Ziel ist, registrierten Gartenbau-Unternehmen über ihre qualitativ hochwertige Darstellung bei gartenbau.org zu ermöglichen, neue Kunden über das Internet zu gewinnen.*
(3) *Aus Sicht der Suchenden richtet sich »gartenbau.org« an Bauherren und potentielle Auftraggeber für Gartenbaugewerke, die auf der Suche nach geeigneten und qualitativ hochwertigen Gartenbau-Unternehmen sind.*

(aus: http://www.gartenbau.org/, letzter Zugriff am 13.08.2014)

Das Kompositum in der Internetadresse der Homepage (*Gartenbau*) – und somit die Morpheme {garten} und {bau} – findet sich im Text mehrfach wieder und ist wiederum Bestimmungswort weiterer Komposita.

2.5 Vernetzung durch Handlungskonstanz und Tempusidentität

In diesem Kapitel werden solche Typen der Vertextung zusammengefasst, bei denen in mehreren MTE dieselbe Sprecherhandlung (*Illokution*) oder dieselbe Sprechereinstellung (*Modalität*) zum Ausdruck gebracht wird. Da die Markierung von Sprecherhandlung und Sprechereinstellung – nebst anderen Ausdrucksmöglichkeiten (s. Polenz 1985: 194–230) – oft am Verb als Modus (Indikativ, Konjunktiv, Imperativ) markiert ist, wird hierunter auch die Tempuskonstanz eingeordnet. Das (synthetische) Tempus, das durch Flexion am Verb ausgedrückt wird, ist eigentlich eine deiktische Kategorie (s. o. Kap. II.2.1.3).

2.5.1 Textuelle Konstanz der Sprecherhandlung

Zu den Sprecherhandlungen gehören AUFFORDERN, FRAGEN, VERPFLICHTEN, VERBIETEN und andere. Wird eine Sprecherhandlung in mehreren MTE durchgehalten, dann ist dies ein Indiz für bestimmte Textsorten. Der Modus Imperativ ist beispielsweise das prototypische Ausdrucksmittel für die Sprecherhandlung AUFFORDERN. Sie wird aber z. B. in der Textsorte Kochrezept durch den einfachen Infinitiv ausgedrückt.

Beispieltext 13 *Risotto mit Steinpilzen und Rucola* (auf die ersten Arbeitsschritte gekürzt)

MTE 1 *Zwiebel schälen und fein hacken.*
MTE 2 *Im heißen Olivenöl andünsten,*
MTE 3 *Reis beigeben und kurz mitdünsten, bis er glasig wird.*
MTE 4 *Wein beifügen und zur Hälfte einkochen lassen.*
MTE 5 *Unter gelegentlichem Rühren die heisse Gemüsebouillon langsam dazugiessen.*

(aus: Carine Buhmann, Kochen und backen – von Natur aus glutenfrei, Aarau und München 2011: 90)

Die in allen MTE durch den Infinitiv konstant ausgedrückte Aufforderung (siehe die Unterstreichungen) schafft innerhalb des Kochrezepts einen kohärenten Teiltext „Zubereitung“, der mit dem (prädikatslosen) Teiltext „Zutaten“ zusammen den Gesamttext „Kochrezept“ konstituiert.

2.5.2 Textuelle Konstanz der Sprechereinstellung

Unter der Sprechereinstellung wird die zum Ausdruck gebrachte Einstellung des Sprechers/Schreibers zum Gehalt (Proposition) des in einer MTE Geäußerten verstanden. Mögliche Sprechereinstellungen sind GEWISSHEIT, VERMUTUNG, DISTANZIERUNG, BEWERTUNG, WOLLEN, ERWARTUNG, HOFFEN und andere. Die BEWERTUNG beispielsweise ist eine typische Sprechereinstellung beim Leserbrief, Kommentar oder der Rezension (vgl. Kap. IV). Auch für Werbung ist sie charakteristisch, allerdings ist die Konnotation dabei klar (positiv!). Während der Modus Indikativ die Sprechereinstellung GEWISSHEIT signalisiert, steht der Konjunktiv unter anderem für Sprechereinstellungen, die den Wahrheitswert abschwächen, wie DISTANZIERUNG oder die verschiedenen Arten der REDEERWÄHNUNG. So kennzeichnet die durchgehende Verwendung des Konjunktivs in einer ununterbrochenen Folge von MTE die indirekte Rede (auch *berichtete Rede*) (Duden, Grammatik, [8]2009: 523–529). Dadurch wird die indirekte Rede, die als Ganze von einem Verb des Sagens abhängt, zu einem Subtext (s. Kap. III.1) innerhalb eines Haupttextes.

Beispieltext 14

(Die von Antisandinisten gefangenen deutschen „Aufbauhelfer“ berichteten vor Journalisten in Managua) *sie hätten in der Gefangenschaft unter schlechten Bedingungen leben müssen und seien schlecht behandelt worden. Sie wollten sich jedoch nicht über die Umstände beschweren, unter denen sie hätten leben müssen, oder Klage über die Behandlung führen, die sie erfahren hätten (so einer der „Aufbauhelfer“). Aber sie wollten ihre Stimme erheben gegen die „verbrecherischen Taktiken wie unsere Entführung“, die unter der Leitung der Vereinigten Staaten geschehen sei.*

(aus: Frankfurter Allgemeine Zeitung, 13. Juni 1986, Nr. 134, S. 3)

2.5.3 Tempus-Identität

Texte, besonders Teiltexte, sind, sofern es sich bei den MTE um Verbalsätze handelt, meist vernetzt durch die Identität des Tempus des Prädikats im Verlauf des Textes. So kennzeichnet das Erzähltempus Indikativ Präteritum oder Indikativ Perfekt normalerweise Erzähltexte wie den Beispieltext 2. Auch lyrische Texte wie Beispieltext 4 können durch das Präteritum (*stand, ging, sah, hing*) vernetzt sein. Durch Tempuswechsel innerhalb eines Textes wird eine Untergliederung des Textes möglich.

2.6 Vernetzung durch Strukturrekurrenz

Durch die Wiederholung identischer syntaktischer Strukturen, z. B. desselben Satzbauplans mit gleich bleibender Stellung der Satzglieder, können unterschiedliche Inhalte zu einem Text vernetzt werden. Ein einfaches Beispiel liefert der Beispieltext 13, in dem die konstante Sprecherhandlung AUFFORDERN auch durch die Wiederholung der syntaktischen Struktur „Nomen im Akkusativ – Infinitiv" (*Zwiebel schälen, Reis beigeben, Wein beifügen*) unterstützt wird. Eine ausgeprägte Form der Strukturrekurrenz ist die Stilfigur des Parallelismus, die besonders in der (religiösen) Lyrik zur Ausdruckssteigerung in der Form des Trikolons (dreifacher Parallelismus) Verwendung findet. Als Beispiel kann das von Martin Luther verfasste Kirchenlied „Mitten wir im Leben sind" dienen. Die drei Strophen des Liedes beginnen mit einer von der Präposition *mitten in* eingeleiteten Wortgruppe; die zweite Zeile jeder Strophe entspricht einer mit einem Fragewort (*wen, wer, wo*) eingeleiteten Frage. Die dritte Zeile der ersten und zweiten Strophe ist noch parallel gebaut (*das bist du Herr alleine, das tust du Herr alleine*), nicht aber die der dritten Strophe (*Zu dir Herr Christ alleine*). Die fünfte, sechste und siebte Zeile aller drei Strophen sind ebenfalls identisch (*Heiliger Herre Gott / Heiliger starker Gott / Heiliger barmherziger Heiland*). Auch der Abschluss jeder Strophe stimmt überein (*Kyrieleison*) (s. Reimann/Rössler 2012: 177–184). Der frühneuhochdeutsche Originaltext wird hier in einer an das Deutsch der Gegenwart angepassten Form wiedergegeben.

Beispieltext 15

1. Strophe

(1) *Mitten wir im Leben sind mit dem Tod umfangen*
(2) *Wen suchen wir der Hilfe tu, dass wir Gnad erlangen?*
(3) *das bist du Herr alleine.*
(4) *Uns reuet unser Missetat, die dich Herr erzürnet hat.*
(5) *Heiliger Herre Gott*
(6) *Heiliger starker Gott*
(7) *Heiliger barmherziger Heiland*
(8) *du ewiger Gott lass uns nicht versinken in des bittern Todes Not*
(9) *Kyrieleison*

2. Strophe

(1) *Mitten in dem Tod anficht uns der hellen Rachen*
(2) *Wer will uns aus solcher Not frei und ledig machen?*

(3) *das tust du Herr alleine.*
(4) *Es jammert dein Barmherzigkeit unser Klag und großes Leid.*
(5) *Heiliger Herre Gott*
(6) *Heiliger starker Gott*
(7) *Heiliger barmherziger Heiland*
(8) *du ewiger Gott, lass uns nicht verzagen vor der tiefen Höllen Glut*
(9) *Kyrieleison*

3. Strophe

(1) *Mitten in der hellen Angst unser Sünd uns treiben.*
(2) *Wo solln wir denn fliehen hin, da wir mögen bleiben?*
(3) *Zu dir, Herr Christ, alleine.*
(4) *Vergossen ist dein teures Blut, das gnug für die Sünden tut.*
(5) *Heiliger Herre Gott*
(6) *Heiliger starker Gott*
(7) *Heiliger barmherziger Heiland*
(8) *du ewiger Gott, lass uns nicht entfallen von des rechten Glaubens Trost*
(9) *Kyrieleison*

(vgl.: Reimann/Rössler 2012: 180)

Die parallele Wiederholung einer syntaktischen Struktur wird in lyrischen Texten gerne variiert. Dies geschieht durch Umstellung der sich entsprechenden Satzglieder (über Kreuz), so dass ein Schema entsteht, das dem griechischen Buchstaben chi (χ) entspricht. Deshalb wird die Stilfigur auch Chiasmus genannt. Mit der chiastisch umgestellten Struktur ist meist eine Intensivierung des Ausdrucks verbunden.

Beispieltext 16

Es begegnen einander Huld und Treue
Gerechtigkeit und Friede küssen sich

(Psalm 85 (84), 11, aus: Einheitsübersetzung der Heiligen Schrift 1980)

Das Schema wird folgendermaßen umgesetzt: Prädikat 1 ([*Es*] *begegnen einander*) – Nominalgruppe 1/Subjekt (*Huld und Treue*) X Nominalgruppe 2/Subjekt (*Gerechtigkeit und Friede*) – Prädikat 2 (*küssen sich*).

2.7 Vernetzung durch Konnektoren (Konnexion)

Konnektoren (auch *Junktoren*) sind den Konjunktionen vergleichbar. Sie funktionieren aber nicht wie die Konjunktionen innerhalb des Satzes (intraphrastisch), sondern transphrastisch. Zwar sind die MTE innerhalb eines Textes immer als koordiniert anzusehen (vgl. Kap. II.1.2) und bedürfen eigentlich keines Konnektors, aber der Textproduzent steuert bzw. erleichtert durch Konnektoren dem Rezipienten das Verständnis, in welchem Verhältnis die aufeinander folgenden MTE zueinander stehen.

In Beispieltext 2b sind die Konnektoren (*und, Aber, und, Doch*) in eckige Klammern gesetzt und stehen entsprechend ihrer transphrastischen Funktion zwischen den MTE.

Konnektoren sind einfache oder komplexe Sprachzeichen, durch welche Textteile (MTE, Absätze, Absatzfolgen = *Konnekte/Konjukte*) aufeinander bezogen werden. Die aufeinander bezogenen Textteile heißen Konnekt I und Konnekt II. Der Konnektor bezieht die beiden Konnekte so aufeinander, dass klar wird, wie der Inhalt von Konnekt II auf das in Konnekt I Geäußerte bezogen werden soll.

Beispieltext 17

Wir alle haben ein Recht auf Schönheit, auch mitten in der Großstadt. (MTE 1 = Konnekt I)
Deshalb (= Konnektor)
müssen wir alles tun, damit das Schöne bewahrt bleibt. (MTE 2 = Konnekt II)

(aus: Wahlwerbung der SPD 1984)

Durch den Konnektor *deshalb* wird der Rezipient explizit dazu angeleitet, MTE 1 (Konnekt I) als Begründung auf MTE 2 (Konnekt II) zu beziehen. Intraphrastisch würde das Verhältnis der beiden Propositionen (Satzinhalte) von MTE 1 und MTE 2 durch ein Satzgefüge mit einem kausalen, ins Vorfeld gestellten Nebensatz mit der Konjunktion *weil* hergestellt: „Weil wir alle ein Recht auf Schönheit, auch mitten in der Großstadt, haben, müssen wir alles tun…“

2.7.1 Topologie

Wo stehen die Konnektoren? Der „natürliche“ Ort, wo die Konnektoren gemäß ihrer Funktion, Konnekte aufeinander zu beziehen, stehen sollten, ist die Stelle zwischen den Konnekten. Dies ist der Fall bei Konnektoren wie *und, aber, doch, oder, denn* (vgl. Beispieltext 2 b). Weil solche Konnektoren keinen Einfluss weder auf die Syntax von Konnekt I noch auf die Syntax von Konnekt II haben, werden sie *syntaktisch isolierte* Konnektoren genannt (Ortner 1983)

Die *syntaktisch isolierten* Konnektoren können jedoch – in gesprochener Sprache – durch eine Atemstaupause hervorgehoben werden, was in der geschriebenen Sprache durch ein Satzzeichen, z. B. Komma, angezeigt werden kann: *Die Autofahrer bedienen ihr Gaspedal nicht mehr mit dem Bleifuß* (MTE 1 = Konnekt I), *kurzum* (Pause), *die Ölkrisen zeigen ihre Langzeitwirkung.* (MTE 2 = Konnekt II).

Im Unterschied dazu sind viele Konnektoren *syntaktisch integriert*, das heißt: Der Konnektor wird in die Satzstruktur von Konnekt II integriert. Die Auswirkungen der Integration zeigen sich, wenn der Konnektor an der Satzspitze (im Vorfeld) steht, an der *Inversion*, das heißt, in der Umkehrung der Reihenfolge von Subjekt und finitem Verb.

Beispieltext 17 a ohne Konnektor:

Wir alle haben ein Recht auf Schönheit, auch mitten in der Großstadt. (MTE 1) *Wir müssen alles tun, damit das Schöne bewahrt bleibt.* (MTE 2)

Beispieltext 17 b mit isoliertem Konnektor:

Wir alle haben ein Recht auf Schönheit, auch mitten in der Großstadt. (MTE 1) *Und wir müssen alles tun, damit das Schöne bewahrt bleibt.* (MTE 2)

Beispieltext 17 c mit integriertem Konnektor im Mittelfeld von MTE 2 und ohne Inversion:

Wir alle haben ein Recht auf Schönheit, auch mitten in der Großstadt. (MTE 1) *Wir müssen deshalb alles tun, damit das Schöne bewahrt bleibt.* (MTE 2)

Beispieltext 17 d: mit integriertem Konnektor an der Satzspitze und Inversion:

Wir alle haben ein Recht auf Schönheit, auch mitten in der Großstadt. (MTE 1) *Deshalb müssen wir alles tun, damit das Schöne bewahrt bleibt.* (MTE 2)

Die integrierten Konnektoren haben den Rang von Satzgliedern und können funktional, sofern sie ein adverbielles Verhältnis (z. B. Kausalität) signalisieren, den Angaben zugeordnet werden.

2.7.2 Diskontinuierliche Konnektoren (Distanzkonnektoren)

Distanzkonnektoren bestehen aus zwei Wörtern, deren Konstituenten aber im Unterschied zu mehrwortigen Konnektoren wie *im Klartext, wie gesagt* völlig getrennt voneinander stehen, z. B. *entweder … oder, gewiss … indes.* Dabei steht eine Konstituente vor oder in Konnekt I und die andere Konstituente vor oder in Konnekt II:

Entweder (= Konnektor 1. Teil) *sie kommt jetzt* (= Konnekt I) *oder* (= Konnektor 2. Teil) *wir gehen nach Hause.* (= Konnekt II)

2.7.3 Semantische Klassifikation (nach Ortner 1983: 104–115)

1. Konnektoren, die eine Paraphrase (variierte Wiederholung) von Konnekt I für Konnekt II ankündigen, z. B. *nochmals, ich wiederhole, wie gesagt, auf deutsch, im Klartext* u. a. m.
2. Konnektoren, die eine additive Relation (Konjunktionsrelation) zwischen Konnekt I und II signalisieren, z. B. *und, dann, weiters, vor allem, nebenbei* u. a. m.
3. Konnektor, der eine Disjunktion ankündigt: *oder*
4. Konnektoren, die eine Einschränkung oder eine Erweiterung ankündigen, z. B. *besser, genauer, allgemein, mehr noch* u. a. m.
5. Konnektoren, die eine Konkretisierung oder Exemplifizierung ankündigen, z. B. *konkret (gesagt), also, etwa, zum Beispiel* u. a. m.
6. Adversative und konzessive Konnektoren, z. B. *aber, dennoch, trotzdem, jedoch* u. a. m.
7. Kausale Konnektoren, z. B. *denn, nämlich, deshalb, deswegen, daher, so, folglich, mithin* u. a.

2.7.4 Konnektoren versus Proformen

Konnektoren und Proformen in der Funktion von Prosätzen (s. o. Kap. II.2.1.1) sind nicht immer scharf voneinander zu trennen. Das zeigt zum Beispiel die Entstehung des Konnektors (Subjunktion) *trotzdem.* In dem Satzpaar

Es hat geschneit. Trotz dem fahren wir weg.

ist die Proform *dem* ein Prosatz, weil sie sich auf den ganzen vorausgehenden Satzinhalt bezieht, genau so wie *dessen* in dem Satzpaar

Es hat geschneit. Dessen bin ich mir bewusst.

In der Schreibweise *trotzdem* ist das Wort

- integrierter Konnektor, der im Satzpaar

Es hat geschneit. Trotzdem fahren wir weg.

Konnekt II in adversativem Sinn auf Konnekt I bezieht, und

- konzessive Subjunktion in dem Satzgefüge

Trotzdem es geschneit hat, fahren wir weg.

3. Textthema (Textinhalt/Textsinn)

Der Forderung von Klaus Brinker (Brinker/Cölfen/Pappert [8]2014: 58) „den inhaltlichen Beitrag, den die einzelnen Propositionen (...) zum gesamten Textinhalt leisten, zu ermitteln und möglichst knapp zu formulieren" kommt der folgende Vorschlag nach, den Textinhalt in knapper Form (= Textthema) mit Hilfe der textgrammatischen Analyse zu ermitteln.

3.1 Zentrale Textgegenstände

Aus den Koreferenzen bzw. Referenzketten (s. Kap. II.2.1.2) ergeben sich die Zentralen Textgegenstände (ZTG). Das Referenzobjekt, auf das im Verlauf eines Textes **T** durch Bezugsausdruck und Verweisausdrücke mehrfach referiert wird, ist ein Zentraler Textgegenstand von **T**.

Die ZTG schreibt man in Großbuchstaben. Aus den Beispielen in Kap. II.2.1 ergeben sich die ZTG (KONRAD) ADENAUER und (EINE) KRÄHE, WASSER, (EIN) KRUG, STEINE.

3.2 Formulierung des Textthemas

Das Text-Thema, das dem Kerninhalt eines Textes entspricht, kann durch die Kombination der Zentralen Textgegenstände (ZTG) und der Isotopien/Isosemien (s. Kap. II.2.4) – möglichst knapp zusammenfassend – formuliert werden.

Für den Beispieltext 2 haben wir oben folgende ZTG und folgende Klasseme festgestellt: ‚Nicht-Vorhandensein-von-Wasser', ‚sich intensiv bewegen', und ‚psychophysische Disposition'. Es handelt sich bei diesen Klassemen um die kurz formulierten Propositionen ‚Wasser ist nicht vorhanden', ‚jemand bewegt sich intensiv' und ‚jemand ist psychophysisch disponiert'. Einerseits kann man die durch die Prädikate eröffneten Leerstellen mit ZTG auffüllen, andererseits muss man den ZTG auch Prädikate aus dem Text hinzufügen. Das Text-Thema des Beispieltextes 2 könnte somit lauten:

Eine *durstige* KRÄHE versuchte durch *intensive körperliche Bewegung* vergeblich WASSER aus einem KRUG zu trinken. Nachdem die KRÄHE STEINE in den KRUG geworfen hatte und das WASSER darin anstieg, konnte sie trinken.

3.3 Textthema und Paratexte

Obwohl es systematische Untersuchungen weder zum Verhältnis von Textinhalt und Überschrift noch zum Verhältnis von Textinhalt und anderen Paratexten gibt (die „Anmerkung im literarischen Übersetzungstext“ untersuchte Abel 2009), kann zum Beispiel bei Zeitungsartikeln das Textthema, das aus ZTG und Klassemen rekonstruierbar ist, besonders zur Überschrift in Beziehung gesetzt werden. Dadurch wird deutlich, welchen Aspekt des Inhalts der Verfasser in der Überschrift fokussiert.

In Beispieltext 2, einer Fabel, lautet die Überschrift „Die Krähe und der Wasserkrug“, das heißt: das kluge Handeln der Krähe wird ausgespart. Davon erfahren die Leser erst etwas, wenn sie, durch Überschrift neugierig gemacht, die ganze Fabel lesen. Gar keine sprachliche Beziehung zum Textthema besteht beim Infratext von Beispieltext 2: „Ausdauer und Geistesgegenwart führen immer zum Ziel!“ Er enthält die allgemeine Lehre, die die Leser aus der Fabel ziehen sollen. Ein ähnliches moralisierendes Verhältnis besteht bei der Überschrift der Anekdote „Mutterliebe“ von Heinrich von Kleist. Denn ‚Mutterliebe‘ steht in keiner offenen Beziehung zum Textthema „Tödlicher Kampf einer Mutter mit einem tollwütigen Hund“ (s. Bračič/Fix/Greule 2007: 12–14).

3.4 Thematische Entfaltung

Die Entfaltung des Textthemas kann nach Klaus Brinker „als Verknüpfung bzw. Kombination relationaler, logisch-semantisch definierter Kategorien beschrieben werden, welche die internen Beziehungen der in den einzelnen Textteilen (…) ausgedrückten Teilinhalte bzw. Teilthemen zum thematischen Kern des Textes (dem Textthema) angeben (…)“ (Brinker/Cölfen/Pappert [8]2014: 57). Die Beschreibung der thematischen Entfaltung eines Textinhalts besteht also darin, die logisch-semantischen Beziehungen der Teilthemen zum Textthema (Hauptthema) zu bestimmen und zu kategorisieren. Gängig ist die Unterscheidung von vier Arten der Themenentfaltung: deskriptiv, narrativ, explikativ und argumentativ. Im Zusammenhang mit der Themenentfaltung steht die Textfunktion.

Das in einer Zeitungsmeldung (Beispieltext 18) behandelte Thema „Wohnungsbrand“ kann beispielsweise – nach sachbezogenen Aspekten – in die Teilthemen: 1. „Ort des Brandes“, 2. „Zeitpunkt des Brandes“, 3. „Bekämpfung des Brandes durch die Feuerwehr“, 4. „Ursachen des Brandes“, 5. „Folgen des Brandes (z.B. Verletzte)“ entfaltet sein. Die Reihenfolge der Teilthemen sagt nichts darüber aus, in welcher Reihenfolge sie sprachlich vertextet sind. Die Themenentfaltung bei einer Zeitungsmeldung ist deskriptiv und es liegt die Informationsfunktion vor.

Beispieltext 18

Wohnungsbrand in Moosach

Es war ein Schreck in der Abendstunde: Die Bewohner eines Hauses in der Welzenbachstraße in Moosach mussten am Mittwoch gegen 22.50 Uhr ihre Wohnungen verlassen, weil im zweiten Stock ein Brand ausgebrochen war. Der Bewohner der Zwei-Zimmer-Wohnung, ein 43-Jähriger, bemerkte das Feuer und rannte aus der Wohnung. Er vergaß allerdings, die Wohnungstüre zu schließen. Der Qualm breitete sich im ganzen Treppenhaus aus. Er klingelte bei seinen Nachbarn, die konnten alle unverletzt das Haus verlassen. Der Mann selbst kam mit Verdacht auf Rauchgasvergiftung in eine Klinik. Wie es zu dem Feuer kam, wird die Polizei ermitteln. Der Schaden liegt nach ersten Schätzungen bei rund 25 000 Euro.

(aus: Süddeutsche Zeitung, 20. Februar 2015, Nr. 42, S. 59)

Lediglich die erwartbare Information „Bekämpfung des Brandes durch die Feuerwehr“ fehlt bei diesem Beispiel.

III. Der Komplexe Text (Großtext, Gesamttext, Makro-Ebene)

In Analogie zur Syntax geht man auch in der Textgrammatik von *komplexen Texten* (*Großtexten*) aus, die – so wie der komplexe Satz aus einfachen Sätzen konstruiert ist – aus mehreren einfachen Texten (Kapitel II) zusammengesetzt bzw. vernetzt sind. Die einfachen Texte als Konstituenten des Großtextes sind normalerweise graphisch (durch Schriftart, Schriftgröße, Absatzbildung, Kasten u. a.) aus dem Gesamttext hervorgehoben.

Wir können dabei grob unterscheiden zwischen einem *Kerntext* (Haupttext), der entweder in sich selbst (durch Absatzbildung) in Kleintexte gegliedert ist, und sogenannten *Paratexten*; das sind Kleintexte, die – graphisch abgehoben – sich um den Haupttext herum lagern, z. B. als Überschrift, als Fußnote, als Randbemerkung, oder in Ausnahmefällen auch in den Haupttext eingereiht (inseriert) sind.

Beispieltext 19

Supratext (Headlines/Überschriften): *Die Auslöschung*
Neu – Drama – Leben mit Alzheimer: Wie viel Krankheit kann die Liebe ertragen?

Kerntext (Haupttext)
1. Absatz: *Für Kunsthistoriker Ernst (Klaus Maria Brandauer) und Restauratorin Judith (Martina Gedeck) kommt die große Liebe spät und unerwartet. Als der scharfsinnige Intellektuelle ihr Herz erobert und die beiden ihren Gefühlen folgen, entsteht aus ihren sehr unterschiedlichen Leben ein einziges, sehr glückliches. Dann folgt für Ernst die Diagnose Alzheimer. Judith ist mit dem langsamen Verlust all dessen konfrontiert, das sie an Ernst liebt. Er weiß, dass er sich dem Punkt nähert, an dem er vergessen wird, wer sie beide sind…*
2. Absatz: *Berührendes bewegendes Drama mit zwei glänzenden Hauptdarstellern: Klaus Maria Brandauer spielt seine Figur des Ernst mit der Lust der Verzweiflung. Martina Gedeck gibt die duldsam Ertragende (Doku zum Thema ab 21.45).*

Infratext (Fußnoten): *90 Min. 1–809–576*
Sensibel erzähltes Alzheimer-Drama
Ö 2013. Mit Klaus Maria Brandauer, Martina Gedeck, Birgit Minichmayr, Philipp Hochmair, Regina Fritsch, A.Kiendl
B A.Bluch/N.Leytner
R Nikolaus Leytner
Ab 14

SPIELFILM

20.15 ARD **Die Auslöschung**

NEU DRAMA **Leben mit Alzheimer: Wie viel Krankheit kann die Liebe ertragen?**

Für Kunsthistoriker Ernst (Klaus Maria Brandauer) und Restauratorin Judith (Martin Gedeck) kommt die große Liebe spät und unerwartet. Als der scharfsinnige Intellektuelle ihr Herz erobert und die beiden ihren Gefühlen folgen, entsteht aus ihren sehr unterschiedlichen Leben ein einziges, sehr glückliches. Dann folgt für Ernst die Diagnose Alzheimer. Judith ist mit dem langsamen Verlust all dessen konfrontiert, das sie an Ernst liebt. Er weiß, dass er sich dem Punkt nähert, an dem er vergessen wird, wer sie beide sind...

Berührendes und bewegendes Drama mit zwei glänzenden Hauptdarstellern: Klaus Maria Brandauer spielt seine Figur des Ernst mit der Lust der Verzweiflung, Martina Gedeck gibt die duldsam Ertragende (Doku zum Thema ab 21.45 Uhr). **90 Min.** 1·809·576

Sensibel erzähltes Alzheimer-Drama
Ö 2013. Mit Klaus Maria Brandauer, Martina Gedeck, Birgit Minichmayr, Philipp Hochmair, Regina Fritsch, A. Kiendl **B** A. Pluch/N. Leytner **R** Nikolaus Leytner ab 14

Judith (Martina Gedeck), Ernst (Klaus Maria Brandauer)

Abb. 2: Aktuelles TV-Programm, Mittwoch, 8. Mai, Spielfilm, 20.15 ARD. Die graphischen Auszeichnungen sind ausgeblendet. (aus: GONG, TV-Magazin für die ganze Familie, Nr. 18, 4.5.-10. 5. 2013)

Der gesamte Großtext (Textsorte: TV-Programm-Hinweis) besteht aus drei Kleintexten, die durch graphische Signale (Fettdruck, Kleindruck, Farbdruck, Einrückung, Leerzeilen) für den Leser/die Leserin gut nachvollziehbar sind. Rechts vom Text befindet sich in gleicher Größe ein Bild, auf dem – laut Bild-Insert – Martina Gedeck und Klaus Maria Brandauer in einem Szenenausschnitt abgebildet sind.

1. Text-Architektur und Text-Design

Der Terminus *Text-Architektur* zielt auf die Art und Weise, wie die Teiltexte (Kleintexte) vom Großtext abgegrenzt sind, und auf die (geometrische) Stellung oder Anordnung der Kleintexte im Rahmen des Gesamt-/Großtextes ab.

Das *Text-Design* betrifft die graphischen Mittel, durch die die Teiltexte abgegrenzt sind. Einige graphische Mittel (Schriftart, Schriftgröße, Absatzbildung, Kasten) sind bei der Beschreibung des Beispieltextes genannt worden (s. o.).

Die Benennung der umgebenden Teiltexte (*Paratexte*) kann nach ihrer relativen Stellung zum Haupttext mit Hilfe lateinischer Adverbien (supra ‚oberhalb', infra ‚unterhalb', juxta ‚daneben', intra ‚innerhalb') erfolgen. Der *Supratext* befindet sich oberhalb des Kerntextes, der *Infratext* unterhalb des Kerntextes; ein *Juxtatext* ist meist rechts vom Kerntext positioniert. Möglich sind auch in den Kerntext eingeblendete Kleintexte (*Intra-Texte*, auch Inserts genannt), die, wie oft in Werbeanzeigen, durch einen „Kasten" markiert sind.

Eine Hierarchie der Teiltexte, durch die die Aufmerksamkeit der Leser gelenkt wird, kann durch das Textdesign, z. B. durch unterschiedliche Schriftauszeichnungen und Schriftgrößen, angedeutet sein. Im Beispieltext wird auf diese Weise der Supratext (Headlines) als der Wichtigste, aber auch Kürzeste, und der Infratext durch Petit-Druck als der Unwichtigste markiert. Entsprechend der Textfunktion, über den Inhalt des Spielfilms zu informieren, weist der Kerntext zwar die größte Textmenge auf, ist aber in einer mittleren Schriftgröße gedruckt.

2. Text-Komposition

Mit dem Terminus *Text-Komposition* werden die inhaltlich-funktionalen Anteile der Teiltexte bezeichnet. Die Text-Komposition hängt von der Textsorte ab und variiert nach deren funktionalen Erfordernissen. Das lässt sich gut an der Gestaltung von Werbeanzeigen verdeutlichen.

In Beispieltext 19 hat der Kerntext die Funktion die Leser des „TV-Magazins" über den Inhalt des Fernsehfilms „Die Auslöschung" zu informieren. Im *Supratext* werden – in hierachisierter Reihenfolge – der Filmtitel, die Erstmaligkeit der Sendung („neu") und der Kurzinhalt genannt. Der *Kerntext* bietet im ersten Abschnitt eine ausführlichere Inhaltsangabe, im zweiten Abschnitt eine Bewertung. Ein Nachtrag gibt die Filmdauer und den Timer-Code an. Der *Infratext* führt – jeweils graphisch differenziert – eine Kurzbewertung sowie Land und Jahr der Produktion auf, nennt die Hauptdarsteller, Buchautor und

Regisseur, gibt ferner die Freigabe des Films „ab 14“ an und bewertet den Film mittels Würfelsymbol.

! Überschriften ohne Prädikat (Setzungen) sind keine Subjekte/Nominativ-Ergänzungen. Bsp. (siehe oben): *Die Auslöschung*. Eine syntaktische Klassifikation ist nicht möglich, da kein Verbalsatz vorliegt. Setzt man den BA bereits in der Überschrift (Supratext) an, ist eine Bestimmung des syntaktischen Verhältnisses zwischen BA und VA (s. Kap. II.2.3.1) im Kerntext nicht durchführbar.

3. Parataktische und hypotaktische Teiltexte

Das Verhältnis der beiden Absätze im Kerntext von Beispieltext 19 kann man – in Analogie zur Syntax – als parataktisch (aufeinanderfolgend) bezeichnen. Gleiches gilt für die Strophen eines Gedichts oder die Paragraphen eines Gesetzes.

Im Gegensatz dazu stehen Teiltexte, die durch ein unterordnendes Signal – ähnlich dem Nebensatz – einem Teiltext untergeordnet werden. Der untergeordnete (hypotaktische) Teiltext kann auch als „*Subtext*“ bezeichnet werden. Das spezifische Beispiel dafür ist eine in einem Text zitierte Rede, die den Umfang eines Kleintextes annimmt und meist durch ein Verb des Sagens angekündigt wird. Formuliert man die indirekte Rede in Beispieltext 14 zur direkten Rede um, dann entsteht folgender Subtext:

Beispieltext 14a

(Die von Antisandinisten gefangenen deutschen „Aufbauhelfer“ berichteten vor Journalisten in Managua:)

Wir haben in der Gefangenschaft unter schlechten Bedingungen leben müssen und sind schlecht behandelt worden. Wir wollen uns jedoch nicht über die Umstände beschweren, unter denen wir haben leben müssen, oder Klage über die Behandlung führen, die wir erfahren haben (so einer der „Aufbauhelfer“). Aber wir wollen unsere Stimme erheben gegen die „verbrecherischen Taktiken wie unsere Entführung“, die unter der Leitung der Vereinigten Staaten geschehen sind.

4. Sprache und Bild

Aus textgrammatischer Perspektive interessiert hinsichtlich der Bildanalyse vor allem der Sprache-Bild-Bezug, und zwar mit der Frage, wie Kohärenz zwischen Bild und Sprache hergestellt wird. Vorwegzuschicken ist im Hinblick auf die

Darstellungsmittel, dass geschriebene Sprache auch Bild ist. Aus sprachwissenschaftlicher Sicht kann man sich dem Bild beispielsweise über die Semiotik nähern. Da in der semiotischen Betrachtungsweise von Sprach- und Bildtexten gesprochen wird, wird in diesem Kapitel der Terminus „Text“ nicht synonym für „Sprache“ verwendet. In der Semiotik wird u. a. von Bildgrammatik, -semantik und -pragmatik gesprochen, um „Strukturen, Inhalte und Funktionen von Bildern“ (Klemm/Stöckl 2011: 8), analysierbar zu machen. Zu fragen ist beispielsweise, ob es sich beim Bild um ein Symptom, Ikon oder Symbol handelt (s. Kessel/Reimann ^{4}2012: 131 f.), was in jedem Fall unter Berücksichtigung der sprachlichen Zeichen klar werden dürfte. Im Hinblick auf unsere Analysebeispiele zu verschiedenen Textsorten ist die Rolle des Bildes in der Kommunikation (Situation, Funktion, Zielgruppe) und im Rahmen der weiteren vorhandenen Zeichenmodalitäten (Darstellungsmittel wie Sprache, Musik, Geräusche) von entscheidender Bedeutung. Dabei sind auch zugehörige Faktoren wie Bewegung oder Statik, Kameraeinstellungen, Perspektiven und Einstellgrößen, gesprochene oder geschrieben Sprache und Farben (bzw. Schwarz-Weiß-Gestaltung) zu berücksichtigen. Festzuhalten ist, dass die „Übersetzung“ des Visuellen in Sprache Interpretation ist, nicht eindeutig objektivierbar ist und somit Probleme bringt: Die visuellen Textbausteine und deren Verknüpfung (innerhalb eines Bildes) bieten unterschiedlich viele Bedeutungen an; die Botschaften können jedoch durch Sprache im Kotext besser/eindeutiger erschließbar werden. Die Bezüge von Sprache und Bild können die Inhalte (Teilthemen: Bestätigung oder Erweiterung; Art der Umsetzung, z. B. Konkretisierung und Exemplifizierung, Beweis, Hinzufügung oder Verfremdung), Funktionen (der Teilthemen und des Gesamttextes mit Sprache und Bild) und die Form (Struktur der Bilder und Texte zueinander, Ähnlichkeiten und Unterschiede von Sprache und Bild im Design, z. B. bei Farben, (Typo)Graphischem) umfassen (siehe z. B. Große 2011). Eine Beispielanalyse findet sich in Kapitel IV.2.1.2.

IV. Textsorten und ihre Analysen

1. Analysen im Ko(n)text – textgrammatische Checkliste

Will man die Spezifik von Texten erfassen, ist die Berücksichtigung der zugehörigen Textsortenmerkmale unabdingbar. Dazu gehören auch Funktionen und gegebenenfalls mediale Besonderheiten sowie die Erfassung der Zielgruppe.

Die folgende Zusammenfassung aller möglichen Untersuchungskriterien – als Checkliste für eine ganzheitliche Analyse gedacht – soll die Voraussetzung für die textgrammatische Untersuchung von Texten geben. Im Hinblick auf eine ganzheitliche textgrammatische Analyse bietet der Überblick zudem eine Hilfestellung für eine stimmige Vorgehensweise.

1 Nehmen Sie eine erste (vorläufige) Einschätzung hinsichtlich der Textsorte, der Textfunktion und der kommunikativen Absicht des Textproduzenten vor.
2 Gehen Sie auf die Themenentfaltung ein (vgl. Kap. II.3.4).
3 Ermitteln Sie die äußere Form/Struktur: Handelt es sich um einen Kleintext (KT) oder einen komplexen Text (vgl. Kap. II und III)?
4 Bestimmen Sie die Minimalen Textgrammatischen Einheiten (MTE). Erwähnen Sie rekurrente syntaktische Auffälligkeiten und weitere Besonderheiten (z. B. in Abgrenzung zum Verbalsatz) (vgl. Kap. II.1).
5 Wenn ein komplexer Text vorliegt, klassifizieren Sie die Kleintexte (vgl. Kap. III).
6 Ermitteln Sie, wie Kohärenz zustande kommt:
   - Für die Beschreibung eines Topiks (Kap. II.2.1.1):
     a) Ermitteln Sie Bezugsausdruck (BA) und Verweisausdrücke (VA).
     b) Geben Sie eine syntaktische Beschreibung der Bezugsausdrücke und der Verweisausdrücke. Berücksichtigen Sie, dass Verweisausdrücke lexikalisch oder grammatisch sein können (vgl. Kap. II.2.1.1).
     c) Ermitteln Sie, ob zwischen BA und VA Referenzidentität oder -verschiedenheit vorliegt, beschreiben Sie die Wahl der Referenzmittel (z. B. Lexemsubstitution: Synonymie) und geben Sie gegebenenfalls die Referenzrelation (z. B. Referenzvereinigung) an (Kap. II.2.1, 2.2 und 2.3).

d) Bestimmen Sie das syntaktische Verhältnis von Bezugs- und Verweisausdruck.
e) Ermitteln Sie den Vernetzungsabstand (vgl. Kap. II.2.1.2) und die Vernetzungsrichtung (vgl. Kap. II.2.1.1.1).

- Für die Ermittlung von Referenzketten:
  a) Bestimmen Sie alle Wörter des Textes, die sich auf ein und dasselbe Referenzobjekt (den Zentralen Textgegenstand/ZTG) beziehen.
  b) Klassifizieren Sie Bezugsausdruck und alle Verweisausdrücke nach der Vorgehensweise für die Beschreibung eines Topiks.
  c) Welche Schlussfolgerungen lassen sich aus der Ermittlung von Referenzketten hinsichtlich des Textthemas ziehen?
  d) Berücksichtigen Sie auch die Vernetzung durch Deiktika (personal, lokal, temporal) und erstellen Sie gegebenenfalls eine Deixiskette (vgl. Kap. II.2.1.3).
- Für die Bestimmung einer Isotopieebene/Isosemieebene (Kap. II.2.4):
  a) Ermitteln Sie ein semantisches Merkmal, das sich transphrastisch mehrfach wiederholt.
  b) Geben Sie alle Wörter der Isotopieebene/Isosemieebene an.
  c) Welchen Wortarten gehören sie an?
  d) Welche Schlussfolgerungen lassen sich aus der Ermittlung einer oder mehrerer Isotopieebenen/Isosemieebenen hinsichtlich des Textthemas und für die Textsorte ziehen?
  e) Wiederholen Sie das Vorgehen für etwaige weitere Isotopieebenen/Isosemieebenen.
- Für die Ermittlung von Strukturrekurrenz (vgl. Kap. II.2.6):
  Ermitteln Sie, ob die Sätze eines Textes strukturelle Gemeinsamkeiten – zum Beispiel die Stilfigur Parallelismus – aufweisen. Berücksichtigen Sie dabei auch Tempusidentität (z. B. direkte Rede in Subtexten) und die sog. Handlungskonstanz (Kohärenz durch eine bestimmte Sprechereinstellung); denken Sie dabei auch an den Modus des Verbs.
- Für die Verflechtung durch Konnexion (vgl. Kap. II.2.7):
  a) Suchen Sie alle Konnektoren aus dem Text.
  b) Nennen Sie die Stellung der Konnektoren.
  c) Wie sind die Sätze durch Konnektoren semantisch aufeinander bezogen?

7 Ziehen Sie aus den gewonnenen Erkenntnissen – Art und Anzahl der Referenzformen – Schlussfolgerungen hinsichtlich der Textsorte, der Textfunktion und der kommunikativen Absicht des Textproduzenten.

8 Formulieren Sie – über die Berücksichtigung der Referenzketten und Isotopieebenen/Isosemieebenen – das Textthema bzw. die Textthemen. Differenzieren Sie strukturell bei komplexen Texten, indem sie herausarbeiten, welche Themen in welchen Kleintexten vorkommen und wie sie sich aufeinander beziehen.

2. Kleintexte (Mikro-Ebene)

2.1 Exemplarische ganzheitliche Analysen

2.1.1 Zeitungsmeldung

Supratext: ***Tödlicher Unfall auf der Autobahn***
Kerntext: (1) *Bei einem Unfall auf der A 9 in Höhe Garching ist am Montag ein 23-Jähriger tödlich verunglückt.* (2) *Laut Polizei war der Mann aus dem Kreis Warendorf im Münsterland mit einem Ford in Richtung München unterwegs, als er gegen 12 Uhr aus bislang ungeklärter Ursache einen rechts von ihm fahrenden Passat touchierte.* (3) *Dadurch geriet der Ford von der Fahrbahn, prallte gegen die Leitplanke, schleuderte zurück und kollidierte mit einem Taxi.* (4) *Dessen 52-jähriger Fahrer aus München kam mit leichten Verletzungen davon.* (5) *Der Fordfahrer verstarb noch an der Unfallstelle.* (6) *Die A 9 war bis 15.20 Uhr teilweise gesperrt,* (7) *es bildete sich ein fünf Kilometer langer Stau.*

(aus: Süddeutsche Zeitung Nr. 50, 02. 02. 2010, S. 41)

Das Beispiel besteht aus einem Supratext und einem Kerntext (Kleintext) mit sieben MTE. Es handelt sich somit bereits um einen komplexen Text.

Die Textfunktion der Textsorte Zeitungsnachricht/ -meldung ist es, den Leser zu informieren. Eckhard Rolf (1993: 174 ff.) spricht von einer „[e]mittierende[n] Textsorte[n]", womit auf die initiierende Rolle des Senders Bezug genommen wird. Die emittierenden Texte sind wiederum den assertiven Textsorten (lat. *assertio* ‚Aussage, Behauptung'), die der Vermittlung von Informationen dienen, untergeordnet. Die Themenentfaltung ist deskriptiv. Die strukturelle Besonderheit der Nachricht lässt sich feststellen: Die als besonders wichtig erachteten Informationen stehen – zumindest in aktuellen Nachrichten – am Beginn (siehe z. B. La Roche 1995: 61 ff.); die dann folgenden Details sind im Rahmen dieser Textsorte so ausgerichtet, dass bei Platzmangel „von unten" gekürzt werden könnte und die Hauptinformation dennoch nicht verloren geht. Ob dieses Nachrichtenmerkmal eingehalten wird, kann auch textgrammatisch über die Zusammenstellung der Referenzketten untersucht werden: z. B. über die Berücksichtigung von Hyper- und Hyponymen und Präsuppositionen, also kotextabhängige Wissensvoraussetzungen, sowie das Verhältnis von kataphorischen und anaphorischen Formen; im vorliegenden Beispiel findet sich der kataphorische BA mit unbestimmtem Artikel in MTE 1: *ein 23-Jähriger.* Die Chronologie beispielsweise spielt in der Nachricht also keine Rolle.

Über die Lektüre der Nachricht lassen sich Zentrale Textgegenstände (ZTG), die sich also wegen ihres Umfangs für die Erstellung von Referenzketten eignen, ermitteln. Im vorliegenden Beispiel liegt nur ein ZTG vor. Der BA findet sich in MTE 1: *ein 23-Jähriger.* Es folgen fünf Verweisausdrücke, die teils jedoch intraphrastisch vorliegen.

Referenzkette zu *ein 23-Jähriger* (BA, MTE 1)

VA: (2) *der Mann aus dem Kreis Warendorf im Münsterland*: lexikalischer VA, Lexemsubstitution, kotextuell begründete Synonymie; syntaktisch: Nom-E; homosyntaktisch zum BA;

(VA): *er* (Achtung: intraphrastisch!): grammatischer VA; Proform (Personalpronomen); syntaktisch: Nom-E;

(VA) *von ihm* (Achtung: intraphrastisch!): grammatischer VA; Proform (Personalpronomen); syntaktisch: nachgestelltes präpositionales Attribut (zu *rechts*); heterosyntaktsich zum BA;

VA: (3) *der Ford*: lexikalischer VA ohne Referenzidentität (also Erweiterung der Referenzkette!): Kontiguität (logisch begründet): Agens – Instrumentum; syntaktisch: Nom-E; homosyntaktisch zum BA;

VA: (5) *der Fordfahrer*: lexikalischer VA, Lexemsubstitution, kotextuell begründete Synonymie (vor allem über die vorausgehenden Verweisausdrücke); syntaktisch: Nom-E; homosyntaktisch zum BA.

Der ZTG kommt nicht mehr in MTE 6 und 7 vor. Distanzverflechtung liegt von MTE 3 auf MTE 5 vor. Auffallend ist, dass es sich fast immer um Nom-E handelt, d. h. semantisch, der ZTG ist immer der Agens bzw. hat die Rolle des Betroffenen inne. Nachrichtentypisch ist die lexikalische Variation: So kann auf knappem Raum möglichst viel Information untergebracht werden.

Zu diskutieren wäre, ob MTE 3 in weitere MTE (mit Ellipsen) zerlegbar ist.

Über die Rezeption des Textes und die Überschrift, die bei Zeitungsnachrichten – das gilt insbesondere für Unfallberichte – eine Zusammenfassung der relevanten Information liefert, lassen sich Seme, die sich für eine Isotopieebene/Isosemieebene eignen, ermitteln.

Isotopieebene/Isosemieebene zu ‚den Unfall betreffend'

(1) *Unfall; tödlich verunglückt*
(2) *touchierte*
(3) *geriet [...] von der Fahrbahn; prallte; schleuderte zurück; kollidierte*
(4) *Verletzungen*
(5) *verstarb; Unfallstelle*

Die Isotopieebene/Isosemieebene ist nicht an MTE 6 und 7 beteiligt; ansonsten ist sie in jeder MTE vorhanden, teils mehrfach (dann also intraphrastisch!); dabei sind Substantive, Verben und ein Adjektiv vertreten.

Isotopieebene/Isosemieebene ‚(intensive) Bewegung'

(2) *unterwegs; touchierte*
(3) *geriet [...] von der Fahrbahn; prallte; schleuderte [...] zurück; kollidierte;*
(6) Antonym: *gesperrt; Stau*

Man könnte z. B. noch eine **Isotopieebene/Isosemieebene zu ‚fahren/Fahrzeug betreffend'** einrichten, um Unfallinstrument und -ort (Supratext: *auf der Autobahn*; Kerntext: *A 9* sowie *Fahrbahn*) zu erfassen.

Überschrift (Supratext), Textthema

Die Überschrift liefert eine Zusammenfassung der für den Sender wichtigsten Informationen, was auch den Ratgebern („Wie schreibt man eine gute Nachricht") entspricht: Details werden an den Schluss gestellt, so dass „von hinten" ohne relevanten Informationsverlust gekürzt werden kann. Dabei wird der ZTG (Der BA findet sich in MTE 1: *ein 23-Jähriger*) nur indirekt über das Adjektiv *Tödlicher* (*Unfall*) erwähnt, und zwar in dem Sinne, dass es sich um ein Lebewesen handeln muss, das zugleich Teil der Isotopieebene/Isosemieebene ‚den Unfall betreffend' (MTE 1: *tödlich verunglückt*) ist.

Weitere Anmerkungen

Zu der weiteren am Unfall beteiligten Person lässt sich allenfalls ein Topik (BA + VA) erstellen. Offensichtlich ist sie weniger relevant für den Informationsgehalt der Nachricht und wird deshalb nur zwei Mal erwähnt: *mit einem Taxi* (BA, MTE 3), *Dessen 52-jähriger Fahrer aus München* (VA, MTE 4). Konnektoren finden sich nicht, was der Textsorte entgegenkommt (Kürze!). Ein Pro-Nebensatz liegt in MTE 3 vor: Das Pronominaladverb *Dadurch* bezieht sich anaphorisch auf den Nebensatz in MTE 2.

2.1.2 Werbeanzeige (Analyse der Sprache-Bild-Kohärenz)

Für die Untersuchung der Sprache-Bild-Kohärenz des Vertreters einer bestimmten Textsorte (vgl. Kap. III.4) sei folgendes übergeordnetes Analysemodell aufgestellt:

a) Textexterne Faktoren (Kommunikationssituation, Funktion, Zielgruppe)
b) Untersuchung von Struktur und Aufbau sowie der Kohärenz im Rahmen der Sprach-Bausteine
c) Bild: Bausteine und Analyse
d) Sprache-Bild-Verknüpfung

Der Untersuchung der Sprache-Bild-Kohärenz geht die – zumindest theoretisch – separate Analyse von Bild und Sprache voraus. Zur Bildanalyse eignet sich folgendes Raster:

- Anzahl und Größe der Bildbausteine
- Klassifikation der Bilder als Zeichen
- Form (Farben, Anordnungen einzelner Bausteine, (normwidrige) Auffälligkeiten)
- Inhalte/Teilthemen
- Funktionen
- Bild-Bild-Kohärenz

Nach folgenden Kriterien könnte man bei der Untersuchung der Sprache-Bild-Verknüpfung vorgehen:

- Ergänzung der ermittelten sprachlichen Teilthemen durch die Bild-Teilthemen
- Semantische Klassifikation der Sprache-Bild-Bezüge (z. B. Parallelisierung, Metaphorisierung, Antonymie)
- Formaler Bezug von Sprach- und Bildbausteinen
- Funktionen/Ziele des Sprach-Textes für das Bild und umgekehrt im Hinblick auf das Hauptthema bzw. die Teilthemen von Sprache und Bild
- Bewertung der notwendigen Dekodierungsleistung durch den Rezipienten

Es ist festzuhalten, dass der Terminus „Kohärenz“ in diesem Kontext drei Bedeutungen hat: Zusammenhang im Sprach-Text, Zusammenhang im Bild/bei den Bild-Bausteinen und Zusammenhang von Sprach-Text und Bild.

Beispiel: Werbeanzeige für *Alete Frühkarotten* (2001)

Abb. 3: Alete-Anzeige mit Veronica Ferres (Zeitschrift ELTERN, Dez. 2001).

2.1.2.1 Textexterne Faktoren

Die Werbeanzeige ist in der Zeitschrift ELTERN im Dezember 2001 erschienen. Als populäres Testimonial fungiert die Darstellerin Veronica Ferres, die – eben selbst erst Mutter geworden – durch die eigene Verwendung quasi für das Produkt bürgt und (indirekt) beim Rezipienten um Vertrauen dafür wirbt:

> „‚Ich fand die Anfrage von Alete spontan gut, da ich selbst mit Alete groß geworden bin', kommentiert die Schauspielerin ihr Engagement. Die Nestlé Alete GmbH hat mit Veronica Ferres eine Werbepartnerin gefunden, die als junge, sympathische Mutter die Werte Fürsorge, Wärme und Vertrauen absolut glaubwürdig verkörpert." (Presseinformation der Nestlé Alete GmbH, 2001: „Veronica Ferres macht Werbung für die traditionsreiche Babynahrungsmarke Alete.").

Zu dieser Kampagne gehört auch ein mit der Anzeige „übereinstimmend" gestalteter Fernsehspot (Reimann 2008). Herausragend ist bei der Werbung die persuasive Funktion.

2.1.2.2 Untersuchung von Struktur und Aufbau sowie der Kohärenz im Rahmen der Sprach-Bausteine

Die klassischen Textbausteine von Werbeanzeigen lassen sich nachweisen: Das Zitat ist die Headline, der kleingedruckte Text im unteren Drittel ist als Fließtext klassifizierbar. Darunter steht der Slogan mit einem Logo. In der textgrammatischen Terminologie handelt es sich insgesamt um folgende Teiltexte: Supratext (Headline) – Kleintext/Kerntext (Fließtext) – Infratext 1 (Slogan) – Infratext 2 (Internetadresse) – Juxtatext 1 (Bildtext) – Juxtatext 2 (Button)

Supratext (Headline): *„Was ich als Kind bekommen habe, will ich auch als Mutter weitergeben: Liebe. Und Alete."*

Kleintext/Kerntext (Fließtext): (1) *Für Babys ist alles noch sehr neu.* (2) *An vieles müssen sie sich erst mal gewöhnen.* (3) *Auch an ihre Umwelt und an ihr erstes festes Essen.* (4) *Deshalb gibt es zum Start als erstes Gläschen z. B. Alete Frühkarotten.* (5) *Die sind aus biologischem Anbau und nur einem verträglichen Rohstoff.* (6) *Das ist die allerbeste Qualität, die man ihnen jetzt geben kann.* (7) *Ich weiß, wovon ich rede,* (8) *schließlich probiere ich vorher immer selbst.*

Infratext 1 (Slogan):
Alete® (Schreibschrift) (darüber kleine Abbildung einer Mutter mit Kind) (= Markenlogo)
Alles Gute für Ihr Kind
Nestle

Juxtatext 1 (Bildtext): Streng kontrollierte Qualität aus Alete Bio-Vertragsanbau.

Juxtatext 2 (runder Button): außen: *Alete Alles Gute für Ihr Kind*; in der Mitte: *Bio Gemüse*

Infratext 2: *www.alete.de*

Die Referenzkette zum Produkt ist die ausführlichste:
Kerntext/MTE 3: *an ihr erstes festes Essen* (VA; keine Referenzidentität: Totum pro parte; späte Erst-Erwähnung des Produkts im weiteren Sinne ist vermutlich „Ablenkungsmanöver" von der Appellfunktion der Werbung) – Kerntext/MTE 4: *als erstes Gläschen z. B. Alete Frühkarotten* (VA; vorangestelltes konjunktionales Attribut; Partialität: Spezifizierung bzw. Referenzverkürzung im Sinne von „Alle Alete-Gläschen versus Alete Frühkarotten") – Kerntext/MTE 5: *Die* (VA; Demonstrativpronomen, Subjekt; Proform = Pro-Substantiv; Bezug auf vorausgehenden VA!) – Kerntext/MTE 5: *aus biologischem Anbau*: Kontiguität (intraphrastisch) – Kerntext/MTE 5: *nur einem verträglichen Rohstoff* (VA; Partialität (intraphrastisch)) – Kerntext/MTE 6: *Das* (VA; Pro-Satz (Demonstrativpronomen) – Kerntext/MTE 6: *die allerbeste Qualität, die man ihnen jetzt geben kann* (VA; entweder Lexemsubstitution (kotextuell begründete Synonymie, Prädikatsnomenergänzung) oder Partialität) – Kerntext/MTE 7: *wovon*: (VA; Pronominaladverb, Satzglied im Nebensatz; Pro-Text mit Bezug auf den vorausgehenden Kerntext sowie den Supratext) – Slogan/Infratext 1: *Alete* (Lexemrepetition) – Slogan/Infratext 1: *Alles Gute*: kotextuell begründete Synonymie – gesamter Bildtext/Juxtatext: *streng kontrollierte Qualität aus Alete Bio-Vertragsanbau*: Partialität (*Qualität* (Satzgliedkern) als Teil des Produkts) – Juxtatext 2 (gesamthafte Repetition des Slogans): *Alete* (Lexemrepetition) – Juxtatext 2: *Alles Gute*: kotextuell begründete Synonymie – Juxtatext 2: *Bio Gemüse* (Hyperonym zum beworbenen Produkt) – Infratext 2: *www.alete.de* (Lexemrepetition, dabei möglicherweise anderer Referenzträger: Marke statt Produkt) – Text im Bild (Gläschen im Hauptbild und separates Gläschen): *Alete* (Lexemrepetition).

Die Beispiele aus dem Supratext (*Was ich als Kind bekommen habe* und *Alete*) werden an dieser Stelle noch nicht berücksichtigt (siehe unten „Themaformulierung").

Im weiteren Sinne könnte man noch einen weiteren VA anführen: *Für Babys* (Kerntext/MTE 1). Im Rahmen der Kohärenzklassifikation liegt dabei zwischen BA und VA logische Kontiguität vor.

Auffällig hinsichtlich der Kohärenz ist, dass es sich fast ausschließlich um Kontaktverflechtung handelt. Allerdings besteht Distanzverflechtung vom Supratext bis zur ersten Erwähnung im Kerntext, was mit der Verschleierung der Werbesituation zusammenhängen dürfte. Das Produkt wird namentlich erst in MTE 4 erwähnt. Vorher werden allgemein bekannte Eigenschaften von Babys – nur – angedeutet (Indefinita: *alles, vieles*). MTE 3 führt dann zum Thema hin (*ihr erstes festes Essen*).

Deixiskette (Personaldeixis):

Kerntext/MTE 7: *Ich* [...] *ich* – Kerntext/MTE 8: *ich*. Die direkte Rede wird im Supratext auch durch Anführungszeichen markiert. Ferner gehört die Anrede im Slogan dazu: *Alles Gute für Ihr Kind* (Infratext 1, Juxtatext 2).

Referenzkette zu den Verbrauchern (Babys):

Eine weitere Referenzkette lässt sich zu den Produktkonsumierenden, den BABYS (ZTG), herstellen: Kerntext/MTE 1: *Für Babys* (BA) – MTE 2: *sie* (Pro-Substantiv) – MTE 3: *ihre Umwelt und ihr erstes festes Essen* (kombinierter VA; Referenzidentität: Possessivpronomen/Artikelersatz) – MTE 6: *ihnen* (Pro-Substantiv). Der Supratext greift den Referenzträger/Zentralen Textgegenstand über zwei Lexeme auf, die beide keine Referenzidentität zum ZTG zeigen, sondern semantische Nähe (ontologische Kontiguität): *als Kind* und *als Mutter*.

Isotopieebenen/Isosemieebenen:

Isotopieebenen/Isosemieebenen lassen sich zu ‚bio', zu ‚auf Essen bezogen' (auch: *probiere ich*) und zu ‚positiv konnotiertem Wortschatz' (z. B. im Kerntext: *die allerbeste Qualität, die man ihnen jetzt geben kann*; dazu gehören auch die *Bio*-Lexeme) finden. Im Zuge der Sprache-Bild-Analyse sind auch die Bildbausteine zu berücksichtigen. Die Wörter dieser Isotopieebenen/Isosemieebenen sind anschließend unterschiedlichen Referenzträgern zuzuordnen.

Konnexion:

Deshalb (Kerntext/MTE 4) ist als wichtiger Konnektor im Sinne der Werbefunktion anzuführen. Mit dem kausalen Konnektor wird das (vorausgehende) Konnekt I (*Auch an ihre Umwelt und an ihr erstes festes Essen.*) als Begründung auf Konnekt II (*Deshalb gibt es zum Start als erstes Gläschen z.B. Alete Frühkarotten.*) bezogen.

2.1.2.3 Bild: Bausteine und Analyse

Im Mittelpunkt steht ein Farbbild, das zwei Drittel der Anzeige einnimmt. Die populäre Schauspielerin Veronica Ferres ist bis zur Brust zu sehen (Kameraeinstellung „Nahe"). Sie hat einen Plastiklöffel im Mund und steht in einer Küche. Vor ihrer Brust ist ein Teil eines Alete-Gläschens zu sehen; erkennbar ist noch die Aufschrift der Marke (*Alete*) und der aufgedruckte Button, auf dem mittig *BIO* zu lesen ist. Bekleidet ist sie mit einer rosafarbenen Bluse; ihre lockigen Haare hat sie hochgesteckt. Sie blickt direkt und freundlich in die Kamera und somit in Richtung des Rezipienten. Im Hintergrund befinden sich ein großes Fenster und ein Regalbrett mit Tassen und Gläsern. Wie aus den Lichtverhältnissen erkennbar ist, ist es ein sonniger Tag.

Semiotisch gehört dieses Bild in die Zeichenkategorie „Ikon": Durch die Fotografie besteht eine Ähnlichkeitsbeziehung zur realen Situation (s. Kap. III.4). Werbestrategisch funktioniert die Abbildung von Veronica Ferres als Catch-Visual (Janich ^{6}2013: 77); sie soll die Aufmerksamkeit des Betrachters auf sich ziehen.

Ein weiterer Bildbaustein besteht aus der Produktabbildung, ein Glas *Alete Frühkarotten*. Somit liegt ein ikonisches Zeichen vor. Es ist „vor" das große Bild, das durch eine rote Umrahmung abgesetzt ist, platziert und wirkt somit vergleichsweise groß. Funktional handelt es sich um das Key-Visual.

Es kommen noch zwei Bild-Text-Bausteine vor: Zum einen handelt es sich um einen runden Button, der in das Glas hineinragt. Außen findet sich der Text: *Alete Alles Gute für Ihr Kind*, in der Mitte in größerer Schrift: *Bio Gemüse*. Zum anderen geht es um Logo und Slogan: *Alete Alles Gute für Ihr Kind.* Über dem Markennamen sind die Köpfe von Mutter und Kind skizziert.

Die Farbe Orange findet sich auch als Hintergrund aller Textbausteine. Es handelt sich somit um Bild-Bild-Kohärenz: Die Hintergrundfarbe ist vermutlich nach der Farbe des beworbenen Produkts ausgewählt. Die Farbe Grün kommt auch mehrfach vor: im Rahmen der (gezeichneten) Landschaftsabbildung auf dem abgebildeten Produktglas und als Hintergrund der Szenerie mit Veronica Ferres (Pflanzen im Zimmer, Bäume hinter dem Fenster); der Rand des

Gläschendeckels ist ebenfalls grün, außerdem die Schrift auf dem Button (*BIO*), auch auf dem Glas, das im Hauptbild teils sichtbar ist. Die Schriftfarbe ist in der Regel blau oder – auf blauem Hintergrund – weiß.

Bild-Bild-Kohärenz liegt ferner beim Key-Visual vor. Das zu verkaufende Produkt befindet sich, wie gezeigt wurde, sowohl auf dem großen Bild als auch als separate Abbildung.

2.1.2.4 Sprache-Bild-Verknüpfung

Ergänzung der ermittelten sprachlichen Teilthemen durch die Bild-Teilthemen

Als Teilthema, das (eindeutig) nur über das Bild vermittelt wird, ist gewissermaßen das populäre Testimonial Veronica Ferres anzuführen. Die Schauspielerin kommt sprachlich ausschließlich im Rahmen der Personaldeixis (*ich*) vor.

Semantische Klassifikation der Sprache-Bild-Bezüge

Es handelt sich weitgehend um Parallelisierung von Sprache und Bild und eine Illustration der Sprache durch das Bild. Allerdings finden sich sprachlich weitere Teilthemen (siehe oben: Isotopieebenen/Isosemieebenen).

Formaler Bezug von Sprach- und Bildbausteinen

Das Produkt kommt zwei Mal als Bildbaustein vor, davon einmal innerhalb des Hauptbildes und einmal in der separaten Abbildung. Der sprachliche Bezug auf das Produkt erfolgt insgesamt zwanzig Mal (siehe Referenzkette zum Produkt), davon handelt es sich acht Mal um den Markennamen *Alete*. Geht man beim Gesamttext (Sprache und Bild) von einem komplexen Sprechakt – bestehend aus Proposition, Illokution (dominante Sprechhandlung) und Perlokution (Wirkung) – aus, so besteht die Proposition aus dem Bezug auf das Produkt (Nomination) und den zugewiesenen positiven (!) Eigenschaften (Prädikation), die zum Zwecke des Werbens eingesetzt werden.

Die positiven Eigenschaften des Produkts wurden über die Isotopieebenen/Isosemieebenen herausgearbeitet. Der Abgleich mit den visuellen Bausteinen zeigt Parallelisierung vor allem bei der Isotopieebene/Isosemieebene ‚auf Essen bezogen' (mit folgenden Beispielen im Kerntext): *ihr erstes festes Essen – Alete Frühkarotten – schließlich probiere ich* […] *selbst*. Das Testimonial im Hauptbild illustriert vor allem die Handlung ‚probieren', indem es den roten Plastiklöffel gerade wieder aus dem Mund zieht und somit den Sprach-Text aufnimmt: *schließlich probiere ich* […] *selbst*. Die anderen Isotopieebenen/Isosemieebenen

(‚bio' und ‚positiv konnotierter Wortschatz') werden nur sprachlich ausgedrückt. Die größere Themenvielfalt wird über die Sprache wiedergegeben.

Ein in der sprachlichen Frequenz bedeutender Baustein ist die Personaldeixis (*ich*). Die Deixiskette (im Supratext und im Kerntext) wird durch die Abbildung des Testimonials „aufgelöst", das heißt, einem Referenzträger zugeordnet; die Leistung der Rezipienten besteht in der Herstellung des Bezugs zwischen dem Personalpronomen und dem Bild, was aufgrund der Begrenzung auf die Abbildung einer einzigen Person eine lösbare Dekodierungsaufgabe sein dürfte.

Die pronominalen Verweisausdrücke beziehen sich immer auf das Produkt bzw. dessen Bestandteile, welche auch als Bildbausteine vorkommen; in der Überschrift handelt es sich um einen kataphorischen VA im Sinne einer Referenzauflösung: *Was ich als Kind bekommen habe* [...] *Liebe. Und Alete.* Die weiteren Proformen finden sich im Kerntext:

- *Die* (Demonstrativpronomen!, Proform: Pro-Substantiv, Subjekt); Bezug auf *Alete Frühkarotten.*
- *Das* [*ist die allerbeste Qualität, ...*]: Pro-Satz (Demonstrativpronomen): Bezug auf vorausgehenden Satz: *Die sind aus biologischem Anbau und nur einem verträglichen Rohstoff.*
- *wovon*: Pronominaladverb (Pro-Text; Satzglied im Nebensatz): Bezug auf gesamten vorausgehenden Kerntext sowie auf den Supratext (Zitat!).

Die Aufschrift auf den Gläschen dient der Identifikation (Marke, Sorte); Kohärenz zwischen Text und Bild ist über die lokale Nähe (Gläschen als visuelles Zeichen – Aufdruck als sprachliches Zeichen) gegeben. Ferner wird Kohärenz (Lexem-Repetition) zu den weiteren sprachlichen Erwähnungen des Markennamens, der in allen Teiltexten vorkommt, hergestellt.

Kohärenz besteht schließlich zwischen der Farbe Orange in den visuellen Bausteinen und der Bezeichnung *Frühkarotten* im Kerntext und auf dem Gläschen.

Funktionen/Ziele des Textes für das Bild und umgekehrt im Hinblick auf das Hauptthema bzw. die Teilthemen von Sprache und Bild

Das beworbene Produkt wird sowohl sprachlich als auch über die „Verpackung" (das Gläschen) präsentiert; es dürfte beabsichtigt sein, dass sich das Produkt bei den Rezipienten besser einprägt, auch im Hinblick auf die Wiedererkennung des Produkts im Supermarkt. Die beispielhaft dargestellte Situation – bekannte Schauspielerin (Veronica Ferres) und Mutter probiert *Alete Frühkarotten* und wirkt zufrieden – soll die Glaubwürdigkeit und das Vertrauen der Rezipienten in das Produkt fördern.

Formulierung des versprachlichten Themas

Das Textthema wird aus allen Teiltexten mit Ausnahme des Supratextes ermittelt: „Ein ICH behauptet, dass das Produkt *Alete Frühkarotten* die beste feste Nahrung für Babys ist, weil es sich um ein Bio-Produkt handelt."

Verhältnis von Thema und Bild

Durch die Abbildung der – mutmaßlich bekannten – Schauspielerin Veronica Ferres wird geklärt, auf welche Person sich das Deiktikum ICH bezieht. Ferner sind das Produkt (Babynahrung) und das Bio-Siegel abgebildet.

Wie stimmen der Inhalt der Überschrift, das formulierte Thema und das Gesamtbild überein?

Bei der Überschrift (Supratext) handelt es sich um eine direkte Rede, gekennzeichnet durch Anführungszeichen. Die Schauspielerin kommuniziert also gleichsam mit den Lesern/Leserinnen der Anzeige, insbesondere Müttern. Über die Personaldeixis (*ich*), die sich im Supratext („*Was ich als Kind bekommen habe, will ich auch als Mutter weitergeben: Liebe. Und Alete.*") und auch am Schluss des Kerntextes (*Ich weiß, wovon ich rede, schließlich probiere ich vorher immer selbst.*) findet, wird die Verknüpfung zwischen Supratext, Hauptbild und Kerntext gefestigt. Als zusätzliches Teilthema kommt im Supratext die emotionale Komponente (*Liebe*) hinzu und wird im Rahmen der Wortgruppe *Liebe. Und Alete* geschickt mit dem Produkt verknüpft; die Lexeme im Supratext *Mutter, Liebe* und *Alete* werden im Hauptbild durch folgende visuelle Bausteine aufgenommen: das Testimonial Veronica Ferres (*Mutter, Liebe*) und das Produkt (*Alete*), das das Testimonial vermutlich in einer Hand hält. Die Verknüpfung der sprachlichen (Zitat) und visuellen Elemente erfolgt dabei nur durch Kenntnisse der Sprach- und Bildstruktur.

Details zum Produkt werden dagegen noch nicht angesprochen. Die Hauptfunktion der Werbe-Headline – Aufmerksamkeitsweckung – ist somit erfüllt.

Bewertung der notwendigen Dekodierungsleistung durch den Rezipienten

Die Dekodierung dürfte keine Schwierigkeiten für Leserinnen und Leser der Zeitschrift darstellen. Das Zitat (Supratext) kann eindeutig der einzigen Protagonistin zugeordnet werden. Das gilt ebenso für die Deixiskette (Personaldeixis). Das Zusammenspiel von Sprache und Bild bei dieser Werbeanzeige dürfte die Entschlüsselung vereinfachen.

2.2 Übungen – Texte und mögliche Aufgaben

Die folgenden Texte stehen für Beispiele ausgewählter Textsorten. Deren Aufbereitung erfolgt insofern, als die Texte in MTE eingeteilt und gegebenenfalls die Teiltexte (KT) klassifiziert werden. Auch Konnektoren im Text werden gekennzeichnet. Ferner werden Textsortenmerkmale, die für die weitere Analyse und Interpretation von Belang sein können, festgehalten. Dabei wird mitunter relevante Literatur angegeben. Die Aufgaben werden so formuliert, dass der Lösungsansatz bereits integriert ist (z. B. die Nennung eines bestimmten Sems für die Erstellung einer Isotopieebene/Isosemieebene).

2.2.1 Nachricht (vgl. Kap. IV.2.1.1)

Supratext: ***Mann lässt Verlobte auf der Autobahn stehen***

(1) *Wonfurt.* (2) *Ein 61 Jahre alter Mann hat nach einer Panne versehentlich seine gehbehinderte Verlobte auf der Autobahn 70 in Unterfranken stehen lassen.* (3) *Ein Streifenwagen sammelte die von einem starken Regen völlig durchnässte Frau mit ihrem Rollator zwischen den Ausfahrten Knetzgau und Haßfurt/Theres ein.* (4) *Das Paar hatte dort an einer Notrufsäule gestoppt und den Pannendienst gerufen.* (5) *Weil sie mit dem Wagen nicht weiterfahren konnten, kamen der Sohn und die Schwiegertochter des 61-Jährigen mit zwei Autos vorbei, von denen sie ihm eins zur Weiterfahrt überließen.* (6) *Der Mann stieg ein und folgte dem Abschleppwagen – im Glauben, darin sitze seine Verlobte.* (7) *(dpa)*

(aus: Mittelbayerische Zeitung, 15.7.2014, Teil „Bayern/Oberpfalz“, Rubrik „Bayern in Kürze“, 8)

Mögliche Aufgaben:

1. Bilden Sie Referenzketten zu den Hauptprotagonisten, die in MTE 2 erstmals im Haupttext vorkommen, und nehmen Sie eine vollständige Klassifikation vor: *Ein 61 Jahre alter Mann* und *seine gehbehinderte Verlobte.*
2. Stellen Sie eine Isotopieebene/Isosemieebene zum Sem ‚auf das Autofahren bezogen‘ auf. Welche Wortarten gehören ihr an? Welche Bedeutung hat die Isotopieebene/Isosemieebene für die Gesamtinformation (Frequenz/Dichte der beteiligten Lexeme)? Welche Rolle spielt das Antonym *gestoppt* (MTE 4) im Hinblick auf die Gesamtinformation?
3. Wie lässt sich die ebenfalls in der Überschrift genannte Information *lässt* [...] *stehen* textgrammatisch erfassen?
4. Welche Funktion hat die Überschrift (Supratext)?

2.2.2 Zwischen Nachricht und Anekdote

Der folgende Text stammt von Heinrich von Kleist (1777–1811), der nicht nur als Verfasser von Dramen, sondern auch von anderen Gattungen bekannt ist. Der Text ist in der täglich erscheinenden Zeitung *Berliner Abendblätter*, die Kleist mit Achim von Arnim und weiteren Unterstützern 1810 und 1811 herausgab, erschienen. Was die Textsorte betrifft, so wird *Der Griffel Gottes* in der Kleist-Ausgabe Sembdners (zweiter Band 2001: 263) unter dem Gattungsbegriff der Anekdote eingeordnet. Kleist gilt in der Neueren Literaturwissenschaft als typischer Vertreter dieser epischen Kleinform.

Trotz eines Struktur- und Funktionswandels der Gattung Anekdote weist sie vier Merkmale auf, die charakteristisch für diese Textsorte sind bzw. waren und sich auch für den Text „Griffel Gottes" nachweisen lassen: Die „Anekdote *erzählt eine wahre, noch unbekannte, merkwürdige Begebenheit.*" (Hilzinger 1997: 232)

Die Kleistschen Anekdoten thematisieren Kommunikation; ihre primäre Funktion dient der Unterhaltung. Viele dieser Anekdoten präsentieren komische Begebenheiten, deren komischer Effekt sowohl durch Kleists Sprachstil als auch durch die erzählte Situation selbst erreicht wird (Weber 1993).

Supratext: ***Der Griffel Gottes.***

(1) *In Polen war eine Gräfin von P…, eine bejahrte Dame, die ein sehr bösartiges Leben führte, und besonders ihre Untergebenen, durch ihren Geiz und ihre Grausamkeit, bis auf das Blut quälte.* (2) *Diese Dame, als sie starb, vermachte einem Kloster, das ihr die Absolution erteilt hatte, ihr Vermögen; wofür ihr das Kloster, auf dem Gottesacker, einen kostbaren, aus Erz gegossenen, Leichenstein setzen ließ, auf welchem dieses Umstandes, mit viel Gepränge, Erwähnung geschehen war.* (3) *Tags darauf schlug der Blitz, das Erz schmelzend, über den Leichenstein ein, und ließ nichts, als eine Anzahl von Buchstaben stehen, die, zusammen gelesen, also lauteten: sie ist gerichtet!* – (4 a) *Der Vorfall* [5, Parenthese] *(die Schriftgelehrten mögen ihn erklären)* (4 b) *ist gegründet;* (6) *der Leichenstein existiert noch,* [Konnektor] *und* (7) *es leben Männer in dieser Stadt, die ihn samt der besagten Inschrift gesehen.*

Der Griffel Gottes.

In Polen war eine Gräfinn von P...., eine bejahrte Dame, die ein sehr bösartiges Leben führte, und besonders ihre Untergebenen, durch ihren Geiz und ihre Grausamkeit, bis auf das Blut quälte. Diese Dame, als sie starb, vermachte einem Kloster, das ihr die Absolution ertheilt hatte, ihr Vermögen; wofür ihr das Kloster, auf dem Gottesacker, einen kostbaren, aus Erz gegossenen, Leichenstein setzen ließ, auf welchem dieses Umstandes, mit vielem Gepränge, Erwähnung geschehen war. Tags darauf schlug der Blitz, das Erz schmelzend, über den Leichenstein ein, und ließ nichts, als eine Anzahl von Buchstaben stehen, die, zusammen gelesen, also lauteten: sie ist gerichtet! — Der Vorfall (die Schriftgelehrten mögen ihn erklären) ist gegründet; der Leichenstein existirt noch, und es leben Männer in dieser Stadt, die ihn samt der besagten Inschrift gesehen.

Abb. 4: (aus: Heinrich von Kleist (Hrsg.): *Berliner Abendblätter*, Nachwort und Quellenregister von Helmut Sembdner, Darmstadt 1965: 21; fotomechanischer Nachdruck der von Georg Minde-Pouet im Verlag Klinkhardt & Biermann, Leipzig, veranstalteten Faksimileausgabe von 1925)

Mögliche Aufgaben:

1. Ermitteln Sie zu den ZTG, in deren Kern die Substantive GRÄFIN, KLOSTER, VERMÖGEN, LEICHENSTEIN stehen, die vollständigen Bezugs- und Verweisausdrücke und klassifizieren Sie diese entsprechend den textgrammatischen Kategorien (z. B. „*der Blitz*“: autosemantisch, Lexemsubstitution in Form einer Metapher).
2. In welchem textgrammatischen Verhältnis steht der LEICHENSTEIN zu den *Buchstaben* und der *Inschrift*?
3. Äußern Sie sich zu der jeweiligen Dichte der Referenzketten und zu deren Bedeutung im Rahmen des Textes.
4. Diskutieren Sie die These, dass in *Der Griffel Gottes* folgende Isotopien/Isosemien nachweisbar sind: ‚Institution Kirche‘, ‚göttliches Walten‘, ‚Standesunterschiede‘, ‚Charaktereigenschaften‘, und ‚den Tod betreffend‘.
5. Setzen Sie sich mit den Verflechtungsrichtungen (anaphorisch, kataphorisch) auseinander.
6. In welcher semantischen Beziehung steht der Kerntext zum Supratext?

2.2.3 Wetterbericht

Beim Wetterbericht herrscht, wie bei der Nachricht, die Informationsfunktion vor. Rolf (1993: 204) zählt ihn zu den „orientierenden Textsorten" im Rahmen der „assertiven Textsorten". Das folgende Beispiel stammt aus der Frankfurter Allgemeinen Zeitung und wurde dem Internet entnommen. Je nach Medium sind Wetterberichte formal-strukturell unterschiedlich gestaltet. Semantisch gibt es Spezifizierungen, z. B. Regionalwetter, Reisewetter, Bio-Wetter. Inhaltlich-lexikalisch sind die zu erwähnenden und vom Leser/Hörer erwarteten Bausteine – zumindest bei denen ohne Spezialisierung – klar, was sich auch an den folgenden Aufgaben zu den Isotopieebenen/Isosemieebenen zeigt: Sie dürften sich in der Regel auch bei weiteren Wetterberichten zeigen (siehe auch Fandrych/Thurmair 2011: 165 ff.). Je nach inhaltlichem Schwerpunkt des Wetterberichts kann die Isotopieebene/Isosemieebene ‚die Temperatur betreffend' wegfallen bzw. der Isotopieebene/Isosemieebene ‚das Wetter betreffend' zugeordnet werden. Auffallend ist die Metaphorik bei Wetterberichten (z. B. (2) *oft freundlich*, (5) *Die Temperatur steigt*).

> Supratext: ***Aktuelle Wetterlage***
>
> KT 1: *Gebietsweise kräftige Schauer und Gewitter, örtlich Unwetter.*
>
> KT 2: (1) *Heute früh und am Vormittag ist es im Süden und in der Mitte wechselnd oder auch stark bewölkt,* (2) *vom Emsland bis zur Ostsee ist es dagegen oft freundlich.* (3) *Im Tagesverlauf gibt es vielerorts kräftige Schauer und zum Teil unwetterartige Gewitter, vor allem von Benelux und der Saar im Westen bis ins nördliche Bayern, zur Neiße und zum Oderbruch im Osten.* (4) *Später kommt es nach Westen und Südwesten zu auch zu länger andauerndem und ergiebigem Regen.* (5) *Die Temperatur steigt meist auf 22 bis 28 Grad, im Berliner Raum bis 30 Grad,* (6) *im Südwesten werden bei dichten Wolken teils nur Werte um 19 Grad erreicht.* (7) *Der Wind weht überwiegend schwach bis mäßig, bei Gewittern in Böen vorübergehend stürmisch aus nördlichen bis westlichen Richtungen.* (8) *In der Nacht zu Mittwoch gibt es mit Ausnahme des Nordwestens gebietsweise schauerartigen und gewittrigen Regen,* (9) *dabei sind weiterhin Starkregen, Sturmböen und Hagel möglich.* (10) *Die Temperatur geht auf 20 bis 12 Grad zurück.*
>
> (aus: http://wetter.faz.net/ (Zugriff am 29. Juli 2014)).

Zu diskutieren wäre, ob MTE 3 und MTE 5 in weitere MTE (mit Ellipsen) zerlegbar wären.

Mögliche Aufgaben:

1. Erstellen Sie eine Isotopieebene/Isosemieebene zum Sem ‚Zeit'.
2. Erstellen Sie eine Isotopieebene/Isosemieebene zum Sem ‚Ort/Himmelsrichtungen'.
3. Erstellen Sie eine Isotopieebene/Isosemieebene zum Sem ‚das Wetter betreffend'.
4. Erstellen Sie eine Isotopieebene/Isosemieebene zum Sem ‚die Temperatur betreffend'.
5. Erstellen Sie eine Isotopieebene/Isosemieebene zum Sem ‚Stärke/Graduierung betreffend (Qualität)'.
6. Erstellen Sie eine Isotopieebene/Isosemieebene zum Sem ‚Frequenz/Menge betreffend' (Quantität).
7. Welche Schlussfolgerungen lassen sich aus der Gesamtanalyse ziehen (inhaltliche Schwerpunkte, Quantität der untersuchten Seme)?
8. Stellen Sie einen Vergleich von Wetterberichten eines bestimmten Tages an (z.B. unterschiedliche Medien, unterschiedliche Tageszeitungen, unterschiedliche Regionen, unterschiedliche Spezifizierungen). Wie lassen sich Unterschiede textgrammatisch erfassen?

2.2.4 Veranstaltungshinweis

Die Funktionen des Veranstaltungshinweises, der zu den journalistischen Textsorten gezählt wird, sind zu informieren und zu appellieren. Letztere zeigt sich beispielsweise in bewertenden Ausdrücken. Die notwendigen Bestandteile sind vorgegeben (Veranstaltungsart, -inhalt, Ort, Zeit, Kosten und möglicherweise Informationen zum Ticketerwerb).

Supratext (zweiteilig)

Konzert für guten Zweck

Soziales Singer Pur tritt zugunsten Donum Vitaes im „Parkside Office" auf.

KT: (1) *Regensburg.* (2) *Singer Pur und „Donum Vitae" – das ist ein Garant für große Konzertabende.* (3) *Am Freitag, 20 Uhr, entführt das Vokalsextett, das vor kurzem mit dem Bayerischen Staatspreis für Musik ausgezeichnet wurde, zu einer „Phantastischen Nacht" an einem ungewöhnlichen Ort.* (4) *Im Atrium der „Parkside Offices" im Stadtpark (ehemalige OBAG-Hauptverwaltung) erklingen Lieder der Deutschen Romantik,* [Konnektor] *aber* (5) *auch Volkslieder dürfen nicht fehlen.* (6) *Das Immobilien Zentrum als Hausherr hatte sich bereit erklärt, den ungewöhnlichen „Konzertsaal" zur Verfügung zu stellen.* (7) *Der*

Erlös fließt an den Förderverein von Donum Vitae. (8) *Schirmherrin ist Sozialministerin Müller.* (9) *Eintritt: 30 Euro,* (10) *für Studenten, Senioren und Behinderte gibt es Ermäßigungen.* (11) *Karten in der Tourist-Information, Tel. (0941) 507–5050 oder bei Donum Vitae, Tel. 5 95 64 90.*

(aus: Mittelbayerische Zeitung, 15.7.2014: 30)

Mögliche Aufgaben:

1. Erstellen Sie eine Isotopieebene/Isosemieebene zum Sem ‚das Singen betreffend'.
2. Erstellen Sie eine Isotopieebene/Isosemieebene zum Sem ‚Zahlen betreffend'.
3. Erstellen Sie eine Isotopieebene/Isosemieebene zum Sem ‚Geld betreffend'.
4. Erstellen Sie eine Isotopieebene/Isosemieebene zum Sem ‚Orte betreffend'.
5. Erstellen Sie eine Isotopieebene/Isosemieebene zum Sem ‚Zeit betreffend'.
6. Erstellen Sie eine Isotopieebene/Isosemieebene zum Sem ‚Soziales betreffend'.
7. Erstellen Sie eine Isotopieebene/Isosemieebene zum Sem ‚positive Bewertung betreffend'.
8. Welche Inhalte können (aufgrund fehlender Rekurrenz) nicht textgrammatisch beschrieben werden?

2.2.5 Musikkritik

Die Textsorte Musikkritik zeichnet sich durch die Bewertungs-, Informations- und Deklarationsfunktion aus (Thim-Mabrey 2001: 53):

„Als Kennzeichen deklarierender Texte gilt, dass sie Sachverhalte schaffen, die institutionell definiert sind. [...] So macht auch die Musikkritik aus einem schlicht musikalischen Ereignis ein solches Ereignis, dessen öffentliche Relevanz durch die Institution der Presse beglaubigt und auf einen bestimmten Wert festgelegt ist. Da zu diesem Zweck das Ereignis eingehender dargestellt und, häufig explizit, anhand einer Skala von Werten und Gewichtigkeitsgraden eingeordnet werden muss, ergibt sich, dass die beschreibende und berichtende sowie auch die beurteilende Komponente der deklarierenden Textfunktion untergeordnet sind."

Thim-Mabrey weist zudem auf die Versprachlichungsproblematik im Zusammenhang mit der Musikkritik hin.

Supratext (zweiteilig):

Beethoven apollinisch
Salzburger Beethoven-Zyklus: Symphonien sechs und acht

KT: (1) *Nikolaus Harnoncourt mag schon recht gehabt haben, daß der Große Saal des Mozarteums der einzige Saal in Salzburg ist, der für eine Aufführung der Beethoven-Symphonien in einer werkgerechten Besetzung in Frage kommt.* (2) *Aber unabhängig vom Erlebnis der Interpretation ist der reine Schalldruck, den das Chamber Orchestra of Europe mit seinen „modern" mensurierten Streichern auf den Saal und das Publikum ausübt, einfach zu groß.* (3) *Wer das Chamber Orchestra of Europe schon in anderen Räumen erlebt hat, dem Konzertsaal in Wien etwa oder im Münchner Gasteig, der stellt sich nur ungern vor, wieviel an Klangfarbe und Schmelz in diesem Salzburger Saal auf der Strecke bleibt.*

(4) *Am zweiten Zyklus-Abend führten Harnoncourt und das Chamber Orchestra of Europe mit der sechsten und achten Symphonie in Beethovens apollinische Gefilde.* (5) *Harnoncourt gibt der Achten, was das ihre sein soll: eine befreite, strahlende Attitüde.* [Konnektor] *Aber* (6) *dabei kann es ja nicht bleiben:* (7) *die Durchführung wird zu einem Exerzitium der Zertrümmerung der Themen, zu einem Testfall, wie weit die Atomisierung gehen kann, ohne daß die Themen ihr Gesicht verlieren.* (8) *In die klassisch heitere Welt bricht die musikalische Moderne mit aller Macht herein.* (9) *Die Tempofrage des „Allegretto scherzando" hat Harnoncourt zur schnelleren Seite hin entschieden, was den heiteren Charakter der Symphonie weiter vertieft.*

(10) *Da bleibt dem Zuhörer eigentlich nur die Frage, ob man sich das überhaupt noch anders vorstellen kann?* (11) *Will man auf diese Kraft des Holzbläserklangs jemals wieder verzichten, auf ein so unvergleichlich delikates und präsentes Klarinettensolo im Trio des Menuetts der Achten, auf diese einzigartig dezente Einmischung der historisch engmensurierten Trompeten?* (12) *Vor allem in der sechsten Symphonie entstand unter Harnoncourts Leitung der Eindruck, Beethoven habe die Bläser als eigenes Orchester behandelt, als habe er die Dominanz der Streicher im Sinne des „Pastoralen" bewußt gebrochen.*

(13) *Harnoncourts Interpretation ist eine der ganz wenigen, die Gegenstand einer ernsthaften musikalischen Analyse sein könnten:* (14a) *Es verbindet sich äußerste strukturelle Klarheit* – (15) *und dies ist weitaus mehr als einfach „Transparenz"* – (14b) *mit musikalischem Spürsinn, Geschmack und Wagemut.* (16) *Wie durch ein ständig wanderndes Vergrößerungsglas leitet Harnoncourt das Gehör auf die Details und gibt zur gleichen Zeit den Zusammenhang, die Funktion im Ganzen zu erkennen.*

Lásló Molnár

(Salzburger Nachrichten 2. 8. 94: 7, aus: Thim-Mabrey 2001: 342)

Mögliche Aufgaben:

1. Stellen Sie eine Referenzkette zum ZTG CHAMBER ORCHESTRA OF EUROPE auf. Denken Sie dabei an die Möglichkeiten der Klassifikation im Rahmen der Menge-Element-Beziehungen.
2. Erstellen Sie eine Isotopieebene/Isosemieebene zum Sem ‚auf den Klangcharakter bezogen'. Klassifizieren Sie die Ergebnisse weiter (positiv/negativ konnotierter Wortschatz, Metaphorik …)
3. Untersuchen Sie, wie die Kohärenz des Textes durch Modalität (Versprachlichung der Sprechereinstellung) hergestellt wird. Gehen Sie dabei auch auf bewertende Lexeme ein und ordnen Sie sie – wenn möglich – positiv und negativ konnotiertem Wortschatz zu. Interpretieren Sie Ihre Ergebnisse im Hinblick auf die Meinung des Autors.

2.2.6 Kommentar

Die Hauptfunktion des Kommentars ist es, Stellung zu einer aktuellen Nachricht zu beziehen. In unmittelbarem Zusammenhang damit finden sich die Funktionen Bewertung, Appell und Information (z. B. Zusammenhänge herstellen, über Hintergründe berichten). Walther von La Roche (1975: 154) unterscheidet drei Arten von Kommentaren: den „Argumentations-Kommentar", den „Geradeaus-Kommentar" und den „Einerseits-andererseits-Kommentar".

Supratext (zweiteilig): *Handelsabkommen*
Eine schöne Bescherung

Paratext: *Von Heribert Prantl*

KT: (1) *Die Europäische Union geht bei den Verhandlungen über die diversen Freihandelsabkommen mit ihren Bürgern und den nationalen Parlamenten um wie die Eltern mit ihren Kindern in der Vorweihnachtszeit:* (2) *Man tut sehr heimlich,* (3) *man trifft die Vorbereitungen hinter verschlossenen Türen;* (4) *die Kinder sollen möglichst nichts mitbekommen oder allenfalls durchs Schlüsselloch schauen.* [Konnektor] *Und* (5) *dann geht auf einmal die Tür auf,* (6) *der Baum glänzt,* (7) *und die Kinder sollen staunen und „Ah" und „Oh" sagen.*

[neue Zeile, eingerückt] [Konnektor] *Nur:* (8) *Es ist nicht unbedingt eine schöne Bescherung, die auf die Bürger wartet.* (9 a) *Das Freihandelsabkommen der EU mit Kanada,* (10) *es heißt Ceta* (11) *(es soll 1500 Seiten dick sein und die hochumstrittenen Investitionsschutzklauseln enthalten)* (9 b) *ist nun fertig verhandelt* – [Konnektor] *aber* (12) *die Veröffentlichung steht immer noch aus.* (13) *Das soll erst Ende September auf einem Gipfel zwischen dem Chef der EU-Kommission und dem kanadischen Premierminister geschehen.* (14) *So kann man mit dem Souverän, so kann man mit den Parlamenten nicht umgehen.* (15) *Solche Abkommen verkündet man nicht so, als handele es sich um die Zehn Gebote, in Stein gemeißelt.*

[neue Zeile, eingerückt] (16) *Das Ceta-Abkommen gilt als Blaupause für das Freihandelsabkommen mit den USA.* (17) *Beide Abkommen greifen massiv in die Souveränität und in den demokratischen Handlungsspielraum der Parlamente ein.* (18) *Die Heimlichtuerei diskreditiert die Abkommen in toto.*

(aus: Süddeutsche Zeitung, Nr. 180, 7.8.2014: 4; Rubrik „Meinung“)

Mögliche Aufgaben:

1. Untersuchen Sie, wie die Kohärenz des Textes durch Modalität (Versprachlichung der Sprechereinstellung) hergestellt wird. Gehen Sie dabei auch auf bewertende Lexeme ein und ordnen Sie sie – wenn möglich – positiv und negativ konnotiertem Wortschatz zu. Interpretieren Sie Ihre Ergebnisse im Hinblick auf die Meinung des Autors.
2. Welche Funktion hat in diesem Zusammenhang das Thema ‚Weihnachten‘? Setzen Sie sich mit seiner Gestaltung im Hinblick auf das Thema ‚Handelsabkommen‘ auseinander. Berücksichtigen Sie dabei auch den Supratext.
3. Stellen Sie eine Referenzkette zum ZTG HANDELSABKOMMEN (Supratext) auf. Welche Schlussfolgerungen lassen sich aus den verwendeten Verweisausdrücken ziehen?

2.2.7 Leserbrief

Die Hauptfunktion des Leserbriefs ist es, Bezug auf einen schon veröffentlichten Zeitungstext zu nehmen; er ist somit intertextuell ausgerichtet. Da es sich beim Leserbrief um einen Meinungstext handelt, erfolgt die Bezugnahme vorrangig bewertend und appellierend (im Hinblick auf Meinungsbeeinflussung anderer Leser/innen). Je nach Ausrichtung des Leserbriefs findet sich die Informationsfunktion mehr oder weniger deutlich (z.B. bei eher gegenstandsbezogenen, diskussionsorientierten Texten). Im Vordergrund steht jedoch die „Entfaltung des Standpunkts“, die über die Ausführung und Begründung der Meinung des Schreibers durchgeführt wird (Fandrych/Thurmair 2011: 122). Argumentationsstrategien sind beispielsweise das Anführen eigener Erfahrung und entsprechenden Wissens oder von als überzeugungswürdig empfundenen Normen.

Supratext: ***Bodenlos abgestürzt***

(1) *„Immer mehr Menschen verunglücken in den Bergen“ (6. August, Bayern) –* (2) *das ist sicher auch ein Ausdruck der allgemeinen Massenverblödung.* (3) *Über irgendeine Urlaubs-App erfahren sie, dass es in den Bergen schön ist.* (4) *Also ab in die Berge!* (5) *Vorher kaufen sie sich in einem Adventure-Equipment-Shop oder direkt online einen Kletterführer, atmungsaktive Wäsche, GPS-Gerät, einen weltraumerprobten Berghelm, ein isotonisches Getränk und Bergschuhe für 500 Euro.* (6) *Das Handy, mit dem man, falls die Energieriegel vorzeitig ausgehen oder es wider Erwarten dunkel wird, die Bergwacht rufen kann, haben sie schon.* (7) *Dass eine Tour in den hohen Fels unter anderem auch eine banal-analoge Angelegenheit ist mit stinknormaler und schweißtreibender ausdauernder Muskelarbeit, hat ihnen vorher keiner gesagt, was im Grunde eine Frechheit ist, die unmittelbar juristische Konsequenzen nach sich ziehen muss.* (8a) *Vorerst freilich empfehle ich eine Rettungssensorik, die auf freien Fall reagiert und eine Rettungsbox auslöst, die in Millisekunden einen Wasserstoffballon aufbläst, an dem der stürzende oder auch nur lustlos gewordene Wanderer geradezu gemütlich und lautlos* [9, Parenthese] *(der ständige Lärm der Rettungshubschrauber in den Bergen geht einem schon längst auf die Nerven!)* (8b) *ins Tal schweben kann.*

(aus: Süddeutsche Zeitung, Nr. 180, 7.8.2014: 49; Rubrik: „Forum & Leserbriefe“)

Mögliche Aufgaben:

1. Untersuchen Sie, wie die Kohärenz des Textes durch Modalität (Versprachlichung der Sprechereinstellung) hergestellt wird. Gehen Sie dabei auch auf bewertende Lexeme ein und ordnen Sie sie – wenn möglich – positiv und negativ konnotiertem Wortschatz zu.
2. Mit welchen sprachlichen Mitteln wurde der ironische Stilzug des Textes hergestellt?
3. Untersuchen Sie die Personaldeixis des Textes. Wie wird das vergleichsweise geringe Vorkommen an entsprechenden deiktischen Mitteln, die sich auf den Schreiber beziehen, kompensiert?
4. Die für Leserbriefe gängigen „Verallgemeinerungsstrategien“ (Fandrych/Thurmair 2011: 130) lassen sich über eine Referenzkette zum Lexem *Menschen*, das sich im Zitat befindet, nachweisen. Erklären Sie über die Verweisausdrücke dieser Kette dieses textsortenspezifische Merkmal.

5. Erklären Sie, warum das Syntagma *ein Ausdruck der allgemeinen Massenverblödung* (MTE 2) auch als Supratext geeignet wäre.
6. Welchen Bezug hat der eigentliche Supratext zum Kerntext? Erklären Sie dabei die enthaltene bewertende Komponente.

2.2.8 Backrezept

Back- und Kochrezepte haben mehrere Funktionen: Information, Appell bzw. Instruktion. Zum einen wird die Zubereitung von Kuchen/Torten und Speisen beschrieben und über die Verschriftung auch tradiert. Zum anderen gehören Back- und Kochrezepte zu den Gebrauchstexten, die eine Anleitung enthalten (Sprecherhandlung). Syntaktisch finden sich dabei Besonderheiten: In der Regel fehlt in aktuellen Rezepten der Modus Imperativ im Rahmen der Anleitung (vgl. Kap. II.2.5). Wie beim ausgewählten Beispiel ist die Verwendung des Infinitivs gängig (strukturelle Rekurrenz). Auch die unpersönliche Konstruktion mit dem Indefinitum *man* (z. B. *man nehme*) ist bei Back- und Kochrezepten zu finden. Textstrukturell ist bei aktuellen Rezepten eine Dreiteilung in Überschrift (Benennung des Gerichts), Zutatenliste und Anleitungsteil zu beobachten. Typische lexikalische Bestandteile sind u. a. Ausdrücke für die Gerichte, Zutaten, Maß- und Mengenangaben, Arbeitsschritte, Geräte/Hilfsmittel, Orts- und Richtungsangaben, Reihenfolgebezeichnungen sowie Absichts- und Zielangaben (vgl. Fandrych/Thurmair 2011: 191). Textgrammatisch kann noch festgehalten werden, dass die ZTG die Zutaten (in der Zutatenliste) sind; dabei ist für die Referenzketten typisch, dass sie aus Menge-Element-Beziehungen bestehen.

Supratext (zweiteilig):

Leserrezept
Apfelkuchen mit Sauerrahm[1]

Paratext: *Eingesandt von Berta Müller aus Laaber*[2]

KT 1: (1) *Regensburg.* (2) *Zutaten: 200 g Mehl, 1/2 Päck. Backpulver, 125 g kalte Butter, 100 g Zucker, 1 Ei, 1 Pr. Salz.* (3) *Belag: 5 bis 6 säuerliche Äpfel, 1 Ei, 100 g Zucker, 3 EL Mehl, 150 g saure Sahne.* (4) *Streusel: 60 g Butter, 4 EL brauner Zucker, 50 g Mehl, 1/2 TL Zimt, 70 g gehackte Walnüsse*

---

1 Im Original wird die Zutatenliste untypischerweise als Teil des Supratextes unvollständig vorweggenommen: *Zutaten: 200 g Mehl, 1/2 Päck. Backpulver, 125 g kalte Butter, 100 g Zucker, 1 Ei, 1 Pr. Salz. Belag: 5 bis 6 säuerliche Äpfel, 1 Ei, 100 g Zucker…*

2 Personen- und Ortsname geändert.

KT 2, Kerntext: (1) *Zubereitung:* (2) *Mehl, Backpulver, Butter in Würfel geschnitten, Zucker, Ei und Salz schnell zu einem Mürbeteig verkneten.* (3) *Abgedeckt 30 Minuten kühlen.* (4) *Springform fetten und mit Mehl bestäuben, den Teig ausrollen, in die Form legen und Rand etwas hochziehen.* (5) *Backofen auf 180 Grad vorheizen.* (6) *Die Äpfel schälen und in kleine Stücke schneiden.* (7) *Ei, Zucker, Mehl und saure Sahne verrühren.* (8) *Die Apfelstücke unterrühren.* (9) *Die Masse auf den Teigboden streichen.* (10) *Für die Streusel Butter, braunen Zucker, Mehl, Zimt und gehackte Walnüsse verkneten.* (11) *Den leicht klebrigen Teig in kleine Streusel zupfen.* (12) *Auf die Apfelmasse verteilen.* (13) *Im vorgeheizten Backofen bei 180 Grad etwa 40 bis 45 Minuten backen.*

(aus: http://www.mittelbayerische.de/nachrichten/oberpfalz-bayern/leserrezepte/leserrezepte-rezepte/artikel/apfelkuchen-mit-sauerrahm/1068151/apfelkuchen-mit-sauerrahm.html (Zugriff am 29. Juli 2014))

Mögliche Aufgaben:

1. Ermitteln Sie alle Menge-Element-Verhältnisse (Referenzrelationen).
2. Erstellen Sie Isotopieebenen/Isosemieebenen zu den Semen ‚Veränderung (der Beschaffenheit/Konsistenz) betreffend / verändern' und ‚(Objekte) verbinden'. [transformative Verben]
3. Erstellen Sie Isotopieebenen/Isosemieebenen zu den Semen ‚Temperatur betreffend', ‚Zeit betreffend', ‚Maße, Mengen und Größen betreffend' sowie ‚Orte und Richtungen betreffend'.
4. Erstellen Sie eine Isotopieebene/Isosemieebene zum Sem ‚Beschaffenheit/Konsistenz'.
5. Welche Rolle spielen Geräte und Hilfsmittel aus textgrammatischer Sicht?
6. Äußern Sie sich zur Kohärenz zwischen Kerntext und Supratext.

2.2.9 Märchen

Märchen sind Prosatexte, in denen von phantastischen Ereignissen erzählt wird. Sie haben eine Unterhaltungs- und eine erzieherische/pädagogische Funktion und können als Lebenshilfe dienen, indem sie beispielsweise Familienkonstellationen und Gefühle, mit denen sich die Kinder identifizieren können („Patchwork-Familie", Eifersucht zwischen Geschwistern), aufweisen (vgl. Wilpert [8]2001: 494–498). Aufgrund der direkten Rede findet sich konzeptionelle Mündlichkeit; diesen Subtexten werden eigene MTE zugeordnet, syntaktisch sind sie aber Satzglieder eines übergeordneten Satzes, z.B. *und spricht nur:*

„Töpfchen steh": Die direkte Rede ist die vom Verb *sprechen* geforderte Akkusativergänzung. Märchen sind fiktiv, die Hauptperson muss eine Aufgabe lösen, Ort und Zeit sind nicht näher bestimmt, es finden sich magische Zahlen und wiederkehrende Syntagmen, vor allem zu Beginn (*Es war einmal …*) und bisweilen am Schluss (*Und wenn sie nicht gestorben sind …*).

Supratext:

Der süße Brei

Kerntext:
(MTE 1) *Es war einmal ein armes, frommes Mädchen,* (MTE 2) *das lebte mit seiner Mutter allein,* [Konnektor] *und* (MTE 3) *sie hatten nichts mehr zu essen.* (MTE 4) *Da ging das Kind hinaus in den Wald,* [Konnektor] *und* (MTE 5) *begegnete ihm da eine alte Frau,* (MTE 6) *die wußte seinen Jammer schon und schenkte ihm ein Töpfchen,* (MTE 7) *zu dem sollt es sagen:* (Subtext 1, MTE 8) *„Töpfchen koche"*, (MTE 9) *so kochte es guten, süßen Hirsebrei,* [Konnektor] *und* (MTE 10, 1. Teil) *wenn es sagte:* (Subtext 2, MTE 11) *„Töpfchen steh"*, (MTE 10, 2. Teil) *so hörte es wieder auf zu kochen.* (MTE 12) *Das Mädchen brachte den Topf seiner Mutter heim,* [Konnektor] *und* (MTE 13) *nun waren sie ihrer Armut und ihres Hungers ledig und aßen süßen Brei, sooft sie wollten.* (MTE 14) *Auf eine Zeit war das Mädchen ausgegangen;* (MTE 15) *da sprach die Mutter:* (Subtext 3, MTE 16) *„Töpfchen koche"*, (MTE 17) *da kocht es* [Konnektor] *und* (MTE 18) *sie ißt sich satt;* (MTE 19) *nun will sie, daß das Töpfchen wieder aufhören soll,* [Konnektor] *aber* (MTE 20) *sie weiß das Wort nicht.* (MTE 21) *Also kocht es fort,* [Konnektor] *und* (MTE 22) *der Brei steigt über den Rand hinaus und kocht immerzu, die Küche und das ganze Haus voll, und das zweite Haus und dann die Straße, als wolt's die ganze Welt sattmachen,* [Konnektor] *und* (MTE 23) *ist die größte Not,* [Konnektor] *und* (MTE 24) *kein Mensch weiß sich da zu helfen.* [Konnektor] *Endlich,* (MTE 25) *wie nur noch ein einziges Haus übrig ist, da kommt das Kind heim und spricht nur:* (Subtext 4, MTE 26) *„Töpfchen steh"*, (MTE 27) *da steht es und hört auf zu kochen;* [Konnektor] *und* (MTE 28) *wer wieder in die Stadt wollte, der mußte sich durchessen.*

(aus: Die Märchen der Brüder Grimm 1964: 350–351)

Mögliche Aufgaben:

1. Inwiefern sorgt die Formel *Töpfchen koche* bzw. *Töpfchen steh* für Kohärenz im Text?

2. Klassifizieren Sie alle (syntaktisch isolierten und integrierten) Konnektoren (vgl. Kap. II.2.7). Welche Funktion haben sie im Text?
3. Inwiefern erfolgt Kohärenz über die Subtexte in Form der direkten Rede (vgl. dazu Kap. III.3 und Kap. II.1.3)?

2.2.10 Fabel

Bei der Fabel (siehe auch Beispieltext 2) handelt es sich um eine „kurze episch-didakt. Gattung vorwiegend der Tierdichtung in Vers oder Prosa, die als Beispielgeschichte eine allg. anerkannte Wahrheit, e. moral. Satz, e. prakt. Lebensweisheit an Hand e. überraschenden, doch analogen Beispiels in uneigentlicher Darstellung veranschaulicht und bes. aus der anthropomorphisierenden Übertragung menschl. Eigenschaften, Verhaltensweisen, Verhältnisse, Sitten, auch der Rede, auf die beseelte oder unbeseelte Natur (Pflanzen, Steine, bes. Tiere) witzig-satir. oder moral.-belehrende Effekte erzielt." (Wilpert [8]2001: 254 f.).

> Supratext: ***Sie tanzte nur einen Winter*** (Georg Born, 1955)
>
> KT: (1) *Es war Sommer.* (2) *Auf einer Wiese, wo sich die Blumen im weichen Winde wiegten, saß eine Grille.* (3) *Sie sang.* (4) *Am nahen Waldrand eilte geschäftig eine Ameise hin und her.* (5) *Sie trug Nahrung für den Winter zusammen.* (6) *So reihte sich Tag an Tag.* (7) *Der Winter kam.* (8) *Die Ameise zog sich in ihre Wohnung zurück und lebte von dem, was sie sich gesammelt hatte.* (9) *Die sorglose Grille aber hatte nichts zu nagen und zu beißen.* (10) *In ihrer Not entsann sie sich der fleißigen Ameise.* (11) *Sie ging zu ihr, klopfte an und bat bescheiden um ein bisschen Nahrung.* (12) *„Was hast du im Sommer getan?", fragte die Ameise hintergründig,* [Konnektor] *denn* (13) *sie liebte die Tüchtigkeit über alles.* (14) *„Ich habe gesungen", antwortete die Grille wahrheitsgetreu.* (15) *„Nun gut, dann tanze!", antwortete die Ameise boshaft und verschloss die Tür.* (16) *Die Grille begann zu tanzen.* (17) *Da sie es gut machte, wurde sie beim Ballett engagiert.* (18) *Sie tanzte nur einen Winter und konnte sich dann ein Haus im Süden kaufen, wo sie das ganze Jahr singen konnte.*
>
> Intratext: (19) *Moral: Ein guter Rat ist oft mehr wert als eine Scheibe Brot.*
>
> (aus: Therese Poser (Hrsg.): Fabeln. Arbeitstexte für den Unterricht. Philipp Reclam Verlag, Stuttgart 1975: 47)

Mögliche Aufgaben:

1. Stellen Sie eine Isotopieebene/Isosemieebene zu ‚Zeit betreffend' auf.
2. Stellen Sie eine Isotopieebene/Isosemieebene zu ‚körperliche Bewegung' auf.

3. Gibt es weitere wichtige Isotopieebenen/Isosemieebenen?
4. Ermitteln Sie Referenzketten zu *Grille* und *Ameise* und nehmen Sie eine Klassifikation der BA und VA vor. Welche textsortenspezifische Besonderheit lässt sich dabei feststellen?
5. In welchem Bezug stehen die Isotopieebenen/Isosemieebenen und die Referenzketten zueinander?
6. Nehmen Sie zur Überschrift im Hinblick auf das Textthema Stellung.
7. Welche Textfunktion liegt vor?

2.2.11 Kinderlexikonartikel

„Lexikonartikel sind Fachtextsorten, die auf kondensierte Art als gesichert angesehene Fach- bzw. Sachinformation zu einem Stichwort angeben und so der gezielten Behebung einer Wissenslücke bzw. eines Wissensdefizits von potenziellen Leserinnen und Lesern dienen." (Fandrych/Thurmair 2011: 89). Lexikonartikel sind intertextuell im Hinblick auf anderweitig bereits vorliegende Inhalte und sie sind in den komplexen Text „Lexikon" eingebettet. Fandrych/Thurmair (2011: 95) weisen auch auf eine typische Struktur des Lexikonartikels hin, wobei über die obligatorischen Textbausteine „Stichwort" und „Allgemeine Charakterisierung" hinaus diverse Elemente fakultativ sind. Die Möglichkeiten der inhaltlichen Füllung und sprachlichen Aufbereitung variieren. Typische sprachliche Merkmale sind die „nominale Verdichtung" (Nominalisierungen, Attribute) und der Einsatz von passivischen Konstruktionen. In unserem Fall ist bezüglich der Kommunikationssituation (inhaltlich und sprachlich) zu beachten, dass nicht – wie erwartet – Fachleute (etwa Biologen) den Lexikonartikel zum „Waschbär" verfasst haben, sondern er von Kindern stammt. Mutmaßlich sollen Kinder auch die Zielgruppe sein.

Abb. 5: Zeichnung von Levke Wiese zum Kinderlexikonartikel *Der Waschbär*

Supratext: ***Der Waschbär***
(Procyon lotor)

KT 1: (1) *Der Waschbär ist ungefähr so groß wie ein Fuchs.* (2) *Seine Körperlänge beträgt 50–60 cm, dazu kommen 20–30 cm Schwanz.* (3) *Waschbären können 4–9 kg wiegen.* (4) *Waschbären sind graubraun gefärbt.* (5) *Ihr Gesicht ist auffällig schwarzweiß,* (6) *oberhalb und unterhalb von einem breiten schwarzen Querstreifen an den Augen ist das Fell im Gesicht weiß.*

KT 2: (1) *Waschbären sind ausgezeichnete Kletterer, die sich in der Natur viel in Bäumen aufhalten.* (2) *Sie ruhen sich oft in Astgabeln aus,* (3) *dort können sie auch schlafen,* (4) *sie bewohnen aber auch geräumige Baumhöhlen.* (5) *Waschbären gehen auch in Dörfer und Städte.* (6) *Sie klettern dort an Häusern und leben auf Dachböden.* (7) *Als Allesfresser frisst der Waschbär dann auch Abfälle.* (8) *Er schreckt auch vor Plünderungen und Mülltonnen nicht zurück.*

KT 3: (1) *In der Natur frisst der Waschbär zum Beispiel Insekten, Regenwürmer, Schnecken, Eier, Aas, Kleinsäuger, Lurche, Obst, Fisch und besonders gerne Nüsse.* (2) *Fische erbeutet der Waschbär nur bei günstiger Gelegenheit.* (3) *Gewöhnlich holt er sich aus Bächen weniger flinke Beutetiere wie Schnecken, Muscheln oder Insektenlarven.* (4) *Wenn der Waschbär in flachen Gewessern* [sic!] *seine Beute sucht, macht er dabei Bewegungen, die an Händewaschen erinnern.*

KT 4: (1) *Die Paarungszeit des Waschbären ist im Januar bis Februar,* (2) *nach einer Tragzeit von 62–65 Tagen wirft das Weibchen im März bis April 2–7 Junge.*

KT 5: (1) *Waschbären stammen ursprünglich aus Nordamerika,* (2) *seit etwa 70 Jahren haben sie sich auch in Mitteleuropa ausgebreitet*

Text von: Lisa Eckert (Satjewitz, 9 Jahre), Katharina Neumann (Löhrstorf, 9 Jahre), Jana Nielsen (Neukirchen, 10 Jahre), Kira Militz (Heringsdorf, 10 Jahre), Melissa Hartmann (Kraksdorf, 10 Jahre), Saskia Willert (Heringsdorf, 9 Jahre)
Zeichnung: Levke Wiese

(aus: http://www.kinder-tierlexikon.de/w/waschbaer.htm (Zugriff am 05. 08. 2014))

Mögliche Aufgaben:

1. Erstellen Sie eine Referenzkette zum ZTG WASCHBÄR.
2. Welche Isotopieebenen/Isosemieebenen lassen sich pro KT/Absatz ermitteln?
3. In welchem thematischen Verhältnis stehen die fünf KT/Absätze zueinander?
4. Welche Kritik lässt sich in dem Zusammenhang an der Einteilung der Kleintexte üben (besonders im Hinblick auf die Abgrenzung von KT 2 und KT 3)?

2.2.12 Gedicht

Bei den bisherigen Beispieltexten handelt es sich vorrangig um Gebrauchstextsorten. Lyrik folgt dagegen anderen Gesetzmäßigkeiten (Funktion, Struktur, Gestaltung). Die poetisch-ästhetische Funktion von Gedichten ist mit textgrammatischen Mitteln nicht herauszuarbeiten, jedoch kann die Grundlage für eine weiterführende literaturwissenschaftliche Analyse geliefert werden. Bei dem ausgewählten Text handelt es sich um ein romantisches Gedicht von 1837.

Paratext: *Joseph von Eichendorff*
Supratext: ***Mondnacht***

KT 1:

(1) *Es war als hätt' der Himmel*
(2) *die Erde still geküsst,*
(3) *dass sie im Blütenschimmer*
(4) *von ihm nur träumen müsst'.*

KT 2:

(5) *Die Luft ging durch die Felder,*
(6) *die Ähren wogten sacht,*
(7) *es rauschten leis' die Wälder,*
(8) *so sternklar war die Nacht.*

KT 3:

(9) *Und meine Seele spannte*
(10) *weit ihre Flügel aus,*
(11) *flog durch die stillen Lande,*
(12) *als flöge sie nach Haus.*

(aus: Ernst Theodor Echtermeyer/Benno von Wiese: Deutsche Gedichte, Düsseldorf 1960: 382 f.)

Mögliche Aufgaben:

1. Ermitteln Sie Referenzketten zu den ZTG HIMMEL (KT 1/1. Strophe) und SEELE (KT3/3. Strophe).
2. Lässt sich auch für KT 2/2. Strophe ein ZTG ermitteln?
3. Stellen Sie Isotopieebenen/Isosemieebenen zu den Semen ‚Natur betreffend', ‚Nacht betreffend', ‚Ton/Lautstärke betreffend' sowie ‚Bewegung betreffend' auf.
4. Bringen Sie die Referenzketten mit den Isotopieebenen/Isosemieebenen in Beziehung. Äußern Sie sich dabei zur Verteilung auf die drei KT.
5. Welche thematischen Anhaltspunkte für eine epochenbezogene Interpretation (Romantik) durch die Literaturwissenschaft lassen sich ermitteln?

2.2.13 Kurzgeschichte 1

Der folgende Text von Jenny Erpenbeck, *Haare*, ist dem Band „Kürzestgeschichten" (Reclam Texte und Materialien, hrsg. von Christine Hummel, Stuttgart 2013) entnommen. Als Kennzeichen der Kürzestgeschichten werden im Vergleich mit der Kurzgeschichte u.a. die „Verknappung von Umfang und Handlung" aufgeführt; das Kriterium von Jochen Vogt, dass sich „ein gegebener Zustand" (Hummel 2013: 10) im Rahmen der Geschichte verändert, lässt sich in dem ausgewählten Text deutlich nachweisen (siehe Sem ‚auf Zeit bezogen'). Was die Vorgehensweise bei der Analyse dieses komplexen Textes betrifft, so bietet es sich an, zunächst Absatz für Absatz vorzugehen. Jeder Absatz ist zugleich ein Teiltext (Kleintext). Es handelt sich dabei um eine „optische Texteinheit" (‚makrotypographische Einheit'), die durch einen Zeilenwechsel am Anfang und am Ende sowie häufig durch eine Einrückung am Beginn des Absatzes gekennzeichnet ist" (Hackl-Rößler 2006: 116). Aufgaben bzw. Analysen können dann pro Absatz behandelt werden. Ob die zu untersuchenden Absätze auch thematisch abgrenzbare Einheiten sind, wäre nach den Detailanalysen (vor allem zu Referenzketten und Isotopieebenen/Isosemieebenen) zu klären und kann als eine Bewertungsgrundlage für eine thematisch-strukturell leserfreundliche Textgestaltung dienen. Pro Absatz müssten schließlich Teilthemen herausgearbeitet werden können. Die Ergebnisse sind dann chronologisch in Beziehung zueinander zu setzen.

Paratext: *Jenny Erpenbeck*
Supratext: ***Haare***

KT 1: (1) *Im Bauch meiner Mutter sind mir lange schwarze Haare gewachsen, die zu Berge stehen, als ich auf die Welt komme.* (2) *Es ist Frühling,*

[Konnektor] *und* (3) *die Welt ist sehr hell.* (4) *Ein schwarzes Haar nach dem andern kapituliert, fällt davon, und überläßt blonden Geschwistern die Nachfolge auf meinem Kopf.*

KT 2: (1) *Als ich drei Jahre alt bin, steckt mein Vater mir noch Zöpfe aus Gras an,* [Konnektor] *aber* (2) *bald kann man meine Haare schon in zwei Büscheln zusammenfassen.* (3) *Rechts und links über den Ohren stehen diese Büschel in einem Bogen von mir ab,* (4) *wie Wasser, das aus einem Rohr kommt, entspringen sie einem Zopfhalter, der aussieht wie eine Kreuzung aus Margaritenblüte und Kronkorken.* (5) *Bis ich fünf Jahre alt bin, werden meine Haare also gewaschen, gebürstet und gebüschelt, manchmal sogar schon geflochten.* (6) *Warum es meiner Mutter ausgerechnet am Vorabend eines ersten Mai einfallen muß, sie kurz zu schneiden, weiß inzwischen niemand mehr.* (7) *Heraus zum ersten Mai!* (8) *Im Radio spielen sie Blasmusik.* (9) *Den abgeschnittenen Zopf steckt meine Mutter zur Erinnerung in ein durchsichtiges Etui.* (10) *Ich muß heraus zur Maidemonstration,* [Konnektor] *aber* (11) *zu Hause liegen fünfzehn Zentimeter von mir im gläsernen Sarg!* (12) *An diesem Morgen defilieren Tausende an meinem kurzgeschorenen Kopf vorüber,* (13) *sie zeigen mir ihre Zähne,* (14) *sie lachen,* (15) *nein,* (16) *sie lachen mich aus,* (17) *die ganze Stadt beugt sich über mich und streicht mir über den Kopf und lacht mich aus,* (18) *selbst die Fahnen lachen,* (19) *sie neigen sich über mich und lassen in einzigartiger Bosheit ihr langes rotes Haar in Wellen auf mich herabfallen.*

KT 3: (1) *Von diesem ersten Mai an will ich mindestens so dicke Zöpfe haben wie meine Cousine Heike.* (2) *An deren Zöpfe kann sich rechts und links je ein Kind anhängen,* (3) *dann dreht sie sich,* [Konnektor] *und* (4) *die Kinder fliegen.* (5) *Meine Cousine Heike ist ein Karussell,* (6) *ich will auch ein Karussell werden.* (7) *Zu dieser Zeit sind die Haarbürsten mit den vielen einzelnen Borsten aus Plaste noch nicht erfunden,* [Konnektor] *und* (8) *einige Jahre später, als sie im Westen schon erfunden sind, erfahren wir nichts davon.* (9) *Mit einem Kamm dauert das Auskämmen nach dem Haarewaschen zwei Stunden.* (10) *Zwei Stunden sitze ich auf einem Hocker im Bad, ein Handtuch um die Schultern, und halte meiner Mutter den nassen Kopf hin, während diese ihre schwere Maischuld abbüßt, mein Haar in Strähnen unterteilt und Strähne für Strähne entfilzt.* (11) *Einmal pro Woche geben wir uns auf diese Weise der Wiederherstellung der Pracht hin,* (12) *zum Glück ist zu dieser Zeit die tägliche Haarwäsche noch nicht erfunden,* (13) *und als sie im Westen schon erfunden ist, erfahren wir nichts davon.* (14) *Während eines knappen Jahrzehnts gehören nun zwei blonde Zöpfe zu mir, die in Schlangenlinien in der Luft herumfliegen, wenn ich auf dem Schulweg renne, weil ich schon wieder zu spät bin.* (15) *Mit deren Enden ich die Schallplatten abputzte, wenn ich den Lappen nicht finden kann.* (16) *Aus denen ich im Sommer nach dem Baden das Wasser sauge.* (17) *Ich knote die Zöpfe hinten ineinander, damit sie mir nicht über die frische Tinte wischen, klemme sie manchmal aus Versehen ein, wenn ich meine Tür zu schnell hinter mir zumache,* (18) *und ich gehe mit diesen zwei Zöpfen zu meinem ersten Rendezvous.* (19) *Der mir gefällt, trägt eine Lederjacke, die über und über mit Sicherheitsnadeln besteckt ist.* (20) *Die Punks sind erfunden,* [Konnektor] *aber* (21) *ich habe nichts davon erfahren.* (22) *Ich wickle mir die Quaste vom Zopf um den Zeigefinger und weiß nicht, was ich sagen soll.* (23) *Der Punk ruft kein zweites Mal an,* (24) *meine Haare geraten in Auflösung.* (25) *Die Revolution auf meinen Kopf sieht nicht rot oder lila aus wie bei meinen Altersgenossinnen –* (26) *mich emanzipiert sie zum Weihnachtsengel.* (27) *Offene Haare!* (28) *Was bisher Feiertagsfrisur war, erlaube ich mir jetzt für immer,* (29) *natürlich muß ich nun selber kämmen.* (30) *Und was bei Botticelli paradiesisch aussieht, verklemmt sich unter den Riemen meines Schulranzens, lädt sich elektrisch auf, wenn ich einen Pullover über den Kopf ziehe, verzwirbelt sich in unruhigen Nächten zu einem Filz.* (31) *Für fünf selige Minuten im Fahrtwind hinten auf einem Moped reiße ich mir hinterher eine halbe Stunde am Schopf herum,* [Konnektor] *und* (32) *die ganz und gar unauflösbaren winzigen Knoten schneide ich schließlich nach klassischem Vorbild einfach ab.* (33) *Einmal werde ich im Sommerurlaub ohnmächtig, als ich bei über dreißig Grad mit schiefem Kopf und einem wie der Hebel einer Maschine auf- und abfahrenden Arm an der allmorgendlichen Herrichtung meiner Frisur arbeite.* (34) *Hin und wieder verwünsche ich diese Haare inbrünstig, aber so inbrünstig, wie man nur Dinge verwünscht, auf die man sich verlassen kann.* (35) *Keinen Moment lang vergesse ich, daß meine Haare mein Schatz sind, in dem meine ganze Lebenszeit aufbewahrt ist, und bin geradezu besessen von der Idee, daß jemand sie mir im Schlaf abschneiden könnte.* (36) *In blutigen Phantasien male ich mir aus, wie ich den Schändling martern würde.*

KT 4: (1) *Als ich sechzehn bin, verfängt sich der erste Mann in meinem Haar,* [Konnektor] *und* (2) *da, wie es scheint, haben die Fangschnüre ihren Zweck endlich erfüllt.* (3) *Es wandelt mich eine Lust an, die ich bis dahin nicht kannte: diesen Flachs, der mir als Mädchen gewachsen ist, von mir zu trennen.* (4) *Zum ersten Mal in meinem Leben gehe ich zu einem Friseur,* (5) *der Friseur schneidet über einen halben Meter ab,* (6) *das Haar fällt zu Boden,* (7) *der Friseur kehrt es zusammen und wirft es in den Mülleimer.* (8) *Als ich mit meinem Freund in den Herbstferien nach Hiddensee übersetze, bläst mir der Wind um den Kopf.* (9) *Es gibt aber nichts mehr, das sich verwirren könnte.*

Mögliche Aufgaben – auf den Gesamttext bezogen:

1. Erstellen Sie eine Referenzkette zum BA *lange schwarze Haare* (KT 1, MTE 1).
2. Erstellen Sie eine Deixiskette zum „Sender"/Erzähler (Ersterwähnung in MTE 1: *meiner – mir*).
3. Erstellen Sie zusätzlich eine Isotopieebene/Isosemieebene ‚Haare betreffend'.
4. Erstellen Sie eine Isotopieebene/Isosemieebene ‚auseinander' und eine Isosemieebene ‚verbunden'.
5. Erstellen Sie eine Isotopieebene/Isosemieebene ‚auf Zeit bezogen'.
6. Erstellen Sie eine Isotopieebene/Iosemieebene ‚Emotionen betreffend'.
7. Wie können die anderen auftretenden Personen berücksichtigt werden?

Mögliche Aufgaben – auf einzelne Absätze bezogen:

1. Ermitteln Sie pro Absatz Zentrale Textgegenstände (ZTG) als Grundlage für Referenzketten sowie Klasseme, die zur Erstellung von Isotopieebenen/Isosemieebenen geeignet sind.
2. Begründen Sie die Absatzgliederung inhaltlich.
3. Ermitteln Sie das Textthema aus Referenzketten und Isotopieebenen/Isosemieebenen, die sich durch alle Absätze ziehen, und vergleichen sie es mit der Überschrift, dem Supratext, *Haare*.
4. Kritisieren Sie die Abgrenzung der MTE 15 und 16 in KT 3.

2.2.14 Kurzgeschichte 2

Paratext: *Wolf Wondratschek*
Supratext: ***43 Liebesgeschichten***

KT: (1) *Didi will immer.* (2) *Olga ist bekannt dafür.* (3) *Ursel hat schon dreimal Pech gehabt.* (4) *Heidi macht keinen Hehl daraus.*

(5) *Bei Elke weiß man nicht genau.* (6) *Petra zögert.* (7) *Barbara schweigt.*

(8) *Andrea hat die Nase voll.* (9) *Elisabeth rechnet nach.* (10) *Eva sucht überall.* (11) *Ute ist einfach zu kompliziert.*

(12) *Gaby findet keinen.* (13) *Sylvia findet es prima.* (14) *Marianne bekommt Anfälle.*

(15) *Nadine spricht davon.* (16) *Edith weint dabei.* (17) *Hannelore lacht darüber.* (18) *Erika freut sich wie ein Kind.* (19) *Bei Loni könnte man einen Hut dazwischenwerfen.*

(20) *Katharina muß man dazu überreden.* (21) *Ria ist sofort dabei.* (22) *Brigitte ist tatsächlich eine Überraschung.* (23) *Angela will nichts davon wissen.*

(24) *Helga kann es.*

(25) *Tanja hat Angst.* (26) *Lisa nimmt alles tragisch.* (27) *Bei Carola, Anke und Hanna hat es keinen Zweck.*

(28) *Sabine wartet ab.* (29) *Mit Ulla ist das so eine Sache.* (30) *Ilse kann sich erstaunlich beherrschen.*

(31) *Gretel denkt nicht daran.* (32) *Vera denkt sich nichts dabei.* (33) *Für Margot ist es bestimmt nicht einfach.*

(34) *Christel weiß, was sie will.* (35) *Camilla kann nicht darauf verzichten.* (36) *Gundula übertreibt.* (37) *Nina ziert sich noch.* (38) *Ariane lehnt es einfach ab.* (39) *Alexandra ist eben Alexandra.*

(40) *Vroni ist verrückt danach.* (41) *Claudia hört auf ihre Eltern.*

(42) *Didi will immer.*

(aus: Wondratschek, Wolf: Früher begann der Tag mit einer Schußwunde. München: dtv 2007: 66. ©Wolf Wondratschek.)

Mögliche Aufgaben:

1. Erläutern Sie die Strukturrekurrenz des Textes im Hinblick auf Tempus und Syntax (Prädikat, Satzglieder).
2. Wie wird Kohärenz zwischen Kerntext und Supratext hergestellt? Erklären Sie dabei die Rolle des Supratextes für die Ermittlung des Textthemas.

2.2.15 Grundgesetz der Bundesrepublik Deutschland – zum Beispiel Artikel 1

Das Grundgesetz als komplexer Text lässt sich in weitere untergeordnete komplexe Texte aufspalten. Es folgen dabei zunächst – in der juristischen Fachsprache – die so genannten „Abschnitte", von denen es 14 gibt (einschließlich der Präambel). In Abschnitt 1, der sich wiederum in 19 so genannte „Artikel" gliedert, sind die Grundrechte festgehalten. Der exemplarisch zu untersuchende Artikel 1 ist aus sprachwissenschaftlicher Sicht ein komplexer Text, der sich aus drei Kleintexten zusammensetzt. In der juristischen Fachsprache werden sie als „Absätze" bezeichnet, im vorliegenden Beispiel nummeriert als (1) bis (3). Absatz 1 ist dabei in zwei MTE einzuteilen, wobei sich die juristische Absatzbezeichnung auf beide MTE bezieht. Die bekannte Strukturierung in Paragraphen in anderen Gesetzen entspricht übrigens den Artikeln im Grundgesetz.

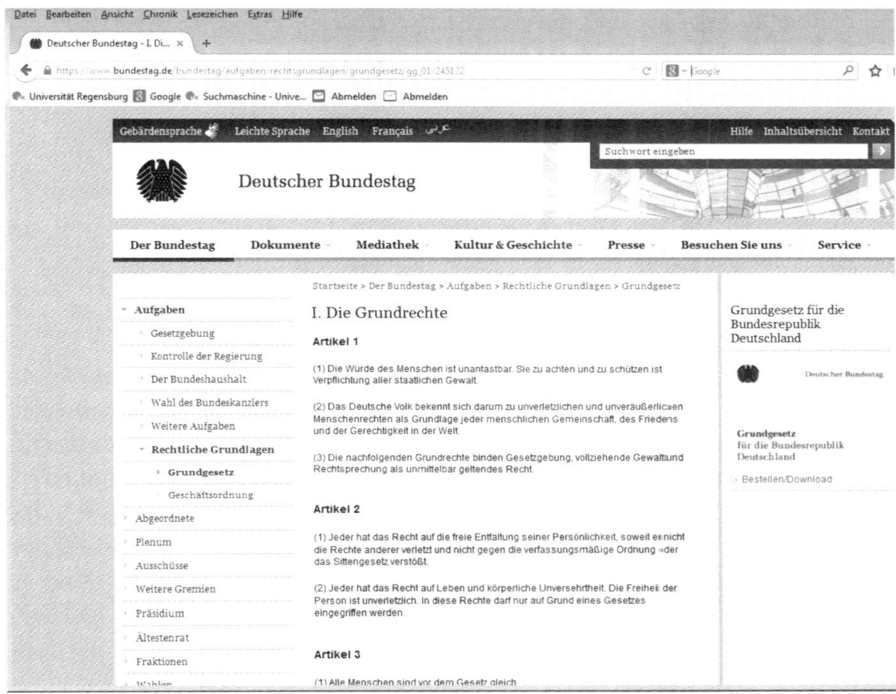

Abb. 6: (aus: https://www.bundestag.de/bundestag/aufgaben/rechtsgrundlagen/grundgesetz/gg_01/245122)

Supratext: ***Artikel 1***

KT 1: [Konnektor] *(1)* (1) *Die Würde des Menschen ist unantastbar.* (2) *Sie zu achten und zu schützen ist Verpflichtung aller staatlichen Gewalt.*

KT 2: [Konnektor] *(2)* (1) *Das Deutsche Volk bekennt sich darum zu unverletzlichen und unveräußerlichen Menschenrechten als Grundlage jeder menschlichen Gemeinschaft, des Friedens und der Gerechtigkeit in der Welt.*

KT 3: [Konnektor] *(3)* (1) *Die nachfolgenden Grundrechte binden Gesetzgebung, vollziehende Gewalt und Rechtsprechung als unmittelbar geltendes Recht.*

Mögliche Aufgaben:

1. Artikel 1 beginnt mit der Wortgruppe *Die Würde des Menschen*. Wie wird darauf referiert? Handelt es sich um einen ZTG?

2. Erarbeiten Sie Kohärenz durch die Rekurrenz von Morphemen wie {recht} und gehen Sie anschließend auf zugehörige Referenzträger ein.
3. Erstellen Sie eine Referenzkette zum ZTG MENSCH (BA in MTE 1: *des Menschen*) und äußern Sie sich zur Platzierung der VA.
4. Erstellen Sie eine Isotopieebene/Isosemieebene zu ‚Schutz betreffend'.
5. Wie wird die Obligationsfunktion (Brinker 2010: 109 ff.) versprachlicht?
6. Analysieren Sie den Konnektor *darum* (KT 2) im Kotext.
7. Wie wird Kohärenz zu Artikel 2 bis 19 hergestellt?

2.2.16 Hörfunkspot

Mit dem folgenden Beispiel, dem Hörfunkspot *Glühfix* (1968), führen wir ein weiteres Medium ein. In dem folgenden Hörfunkspot wird die Möglichkeit genutzt, einen authentischen Dialog nachzuahmen. Wir haben uns dazu entschlossen, für solche Fälle – dialogische Texte – eine weitere (phonetisch definierte) Einheit einzuführen, die oberhalb der syntaktisch-funktional definierten MTE liegt, nämlich den Redebeitrag. Er umfasst alle MTE, die einem Sprecher/einer Sprecherin vor dem Sprecherwechsel zuzuordnen sind. In der Gesprächsforschung/Dialoganalyse wird er auch als Gesprächsschritt bezeichnet. Beim folgenden Beispiel haben wir auf Satzzeichen und Großschreibung verzichtet. Was die Textfunktion betrifft, so ist wiederum – wie es für Werbung üblich ist – die Appellfunktion dominant.

[Windgeräusch im Hintergrund]

Redebeitrag 1 (Sprecherin)

MTE1 *oh*
MTE2 *wie kannst du bei so'm wetter bloß so luschtig sein*

Redebeitrag 2 (Sprecher 1)

MTE3 *a nu*
MTE4 *des weterle des schmeckt nach glühwein*

Redebeitrag 3 (Sprecher 2)

MTE5 *ja*

und

MTE6 *je schlechter des wetterle ist, umso mehr schmeckt es nach glühwein*

und

MTE7 *des soll ma ausnutze um die innere hitz wieder herzustelle also*

MTE8 *heißen wein*
MTE9 *glühfix nei*

und

MTE10 *fertig isch der glühwein*
MTE11 *ha*
MTE12 *sie wisse net, was glühfix isch*
MTE13 *ha*
MTE14 *des isch a feine sach*
MTE15 *glühfix isch'n aufgussbeutel wie bei teefix, halt nur mit gewürze drin für glühwein*

[Musik, Mundharmonika]

Redebeitrag 4 (Sprecher 3)

MTE16 *glühfix*
MTE17 *das glühweingewürz aus dem hause teekanne*

(Marke Teekanne: Glühfix (1968), Hörfunkwerbung. In: Regensburger Archiv für Werbeforschung. 12.09.1968, HWA_376_8.mp3. R-Nummer: 10072. URL: raw.uni-regensburg.de/details.php?r=10072. Letzter Zugriff am 02.08.2015)

Mögliche Aufgaben:

1. Welche Rollen lassen sich den vier Sprechern zuweisen? Gehen Sie dabei auch auf die Ratgeberfunktion des Sprechers 2 ein.
2. Zeigen Sie auf, wie Kohärenz durch den ZTG GLÜHWEIN hergestellt wird (berücksichtigen Sie dabei auch den Produktnamen) und interpretieren Sie die Verteilung der Ausdrücke dieser Referenzkette auf die Sprecher.
3. Erstellen Sie eine Isotopieebene/Isosemieebene ‚die Temperatur betreffend'.
4. Erstellen Sie eine Isotopieebene/Isosemieebene ‚auf (den) Geschmack bezogen'.
5. Stellen Sie eine Verbindung zwischen den Themen ‚Temperatur' und ‚Geschmack' unter Berücksichtigung des Produkts her (siehe v. a. MTE 4 bis 6).
6. Welche Funktionen kommen den Fragen zu (MTE 2 und MTE 12)?
7. Formulieren Sie das Textthema.

3. Zur Textgrammatik historischer Texte

Historische Texte, also Texte, die im Verlauf der deutschen Sprachgeschichte (vom 8. bis ins 19. Jh.) entstanden sind, können grundsätzlich wie gegenwartssprachliche Texte textgrammatisch analysiert werden. Es ist dabei aber besonders bei vor der Erfindung des Buchdrucks mit der Hand geschriebenen Texten, wie im unten gegebenen Beispiel, darauf zu achten, dass solche Texte vor der Analyse transkribiert bzw. ediert sein müssen. Eine Beschreibung des Textdesigns kann aber nur auf Grund der handschriftlichen Fassung erfolgen. Die grundlegende Einteilung in Minimale Textgrammatische Einheiten setzt zudem ein Verständnis der historischen Sprachform (im Beispielfall des Frühneuhochdeutschen) und ein interpretierendes Vorverständnis des Textinhalts voraus.

Ein frühneuhochdeutscher Großtext: Die Satzung des Rates der Stadt Kaschau

Die Satzung des Rates der Stadt Kaschau (heute Košice in der Ostslowakei) von 1404 (kurz: Satzung) ist ein aus Kleintexten (*Artickel*), die ausschließlich der Funktion der Rechtssetzung (Textsorte „Satzung") dienen und deutlich voneinander abgegrenzt sind, bestehender komplexer Text. Außer den 47 Artikeln umfasst der Gesamttext (die Handschrift) noch eine Einleitung, die jedoch den Umfang eines Kleintextes nicht überschreitet. Schon die Beschreibung der Handschrift durch Ilpo Tapani Piirainen liefert wichtige Hinweise auf textgrammatische Strukturen, die an der Edition nachvollzogen werden können (s. Piirainen 1987: 237–255).

Der Text der Handschrift wird in der Edition von I. T. Piirainen in einer diplomatischen, buchstabengetreuen Form abgedruckt. Dies betrifft auch die Zeichensetzung, so dass die Setzung der Kommata als einzigen Satzzeichen in der Edition nur bedingt zur inhaltlichen Erschließung des Textstücks beiträgt. Gleiches gilt für die Versalien. Die für die textgrammatische Analyse wichtige Satzabgrenzung muss deshalb interpretatorisch an den Text herangetragen werden. Dies wird im folgenden Transkript versucht, in dem die Sätze Minimalen Texteinheiten (MTE) zugeordnet und die satzverbindenden Konjunktionen als Konnektoren klassifiziert wurden. Obwohl die MTE 5 eine mit der Infinitivkonstruktion in MTE 4 (*besunderlich uf sehen haben…*) koordinierte Infinitivkonstruktion ist, wurde sie als selbständiger, allerdings elliptischer Satz, in dem „sol men" zu ergänzen ist, abgetrennt.

Transkript des 21. Artikels

Supra-Text: *Der eynvndczvenczigste Artickel*

MTE 1: *Item keyn vngebert eytelkeyt*[3] *sprichwort vnnüczlich rawmen füstreten*[4] *In siczenden rot sol nicht seyn,*

Konnektor: *sunder*

MTE 2: *yder sey geschickt zw horen was zuhandlen ist, Das dy sach nicht störung habe noch hinderniß.*

Konnektor: *Item auch*

MTE 3: *keyn vngeberd auswendig des rots mittenander sol seyn vor gemeynen leyten czu vormeyden ergerniß,*

Konnektor: *Vnd auch*

MTE 4: *keyn ander sach sol eyngetragen werden dye selbe czeyt besunderlich uf sehen haben vf dy sach dy zu handlen ist,*

Konnektor: *vnd*

MTE 5: *keynerley ander sach eyntragen noch beruren, wen dy men handelt czu der stünden*

Neuhochdeutsche Übersetzung

Ebenso soll es, wenn der Rat sitzt, kein ungebührliches Benehmen, keinen Müßiggang, kein „Sprichwort" (Zwischenruf?), kein nutzloses Flüstern, Scharren mit den Füßen geben. Vielmehr soll jeder bereit sein zu hören, was zu verhandeln ist, damit die Sache weder gestört noch behindert werde. Ebenso soll es außerhalb des Rats kein ungebührliches Benehmen geben, um Ärgernis vor der Allgemeinheit zu vermeiden. Und es soll keine andere Sache gleichzeitig eingebracht werden, sondern man soll sich auf die Sache konzentrieren, die gerade verhandelt wird. Und (man soll) keine andere Sache einbringen oder berühren, außer der, die man behandelt.

---

3 Das in der Edition mit Trema gekennzeichnete <y> wird hier und im weiteren Text ohne Trema wiedergegeben.

4 Die in der Edition durch Klammern gekennzeichnete Auflösung von Kürzeln wird hier und im weiteren Text wegen der besseren Lesbarkeit weggelassen.

Textgrammatische Strukturen im Kleintext (Artikel 21)

Koreferenz durch

a) identische Repetition von Nomina:
   - *Dy sach* (MTE 2) – *keyn ander sach, dy sach* (MTE 4) – *keynerley ander sach* (MTE 5)
   - *keyn vngebert* (MTE 1) – *keyn vngeberd* (MTE 3)
   - *in siczenden rot* (MTE 1) – *auswendig des rots* (MTE 3)
b) identische Repetition von Verben:
   - *handlen* (MTE 2) – *handlen* (MTE 4) – *handelt* (MTE 5)
   - *eyntragen* (MTE 4) – *eyntragen* (MTE 5)

Koreferenz durch Kontiguität (Tätigkeiten des Rats): *siczenden rot* (MTE 1) – *handlen, dy sach* (MTE 2) – *sach eyntragen, handlen* (MTE 4) – *sach eyntragen, handelt* (MTE 5).

Strukturrekurrenz/Syntaktischer Parallelismus:

Negiertes Modalprädikat: *sol nicht seyn* (MTE1) – *(keyn ...) sol seyn* (MTE3) – *(keyn ...) sol eyngetragen werden* (MTE4) – *(sol) eyntragen noch beruren* (MTE5, elliptisch).

Vergleichbar ist das Zustandspassiv im Konjunktiv *sey geschickt zw horen* und die Passiversatzform *nicht störung habe* (MTE2), die als Stilvarianten (statt *sol seyn geschickt, sol nicht störung haben*) verstanden werden könnten.

Isotopie/Isosemie mit dem Klassem ‚(ungebührliches) Verhalten': *vngebert eytelkeyt sprichwort vnnüczlich rawmen füstreten* (MTE1) – *störung ... noch hinderniß* (MTE2) – *vngeberd, ergerniß* (MTE3) – *ander sach ... eyntragen* (MTE4) – *ander sach eyntragen noch beruren* (MTE5).

Alle fünf MTE sind durch adversative und koordinierende Konnektoren miteinander verbunden. Möglicherweise ist dieser Befund der Textsorte geschuldet, die eine deutliche Gliederung verlangt.

Versuchen wir aus diesen textgrammatischen Informationen das Thema des 21. Artikels zu konstruieren, dann fällt zuerst ins Auge: ein in vier MTE vorhandenes negiertes Modalprädikat, das fast stereotyp wie in den Zehn Geboten (z. B. „du sollst nicht stehlen") formuliert ist. Lediglich in MTE 2 wird das Verbot im Konjunktiv (*sey, habe*) etwas abgeschwächt ausgedrückt. Die Modalität, die Einstellung des Sprechenden/Schreibenden gegenüber dem Lesenden/Hörenden, bleibt die gleiche. Dabei fällt auf, dass kein Adressat (syntaktisch: kein Agens) genannt wird; *yder* ‚jeder' in MTE 2 ist zu vage. Es tut sich hier eine Lücke auf, die entweder anaphorisch oder kataphorisch aus dem 20. oder dem 22. Artikel – in der Hoffnung, dass sich dort ein „Adressat" findet – geschlossen werden kann und damit zu einem Problem der Grammatik des Großtextes wird.

Thema des 21. Artikels

Das Thema des 21. Artikels kann aus dem Zusammenspiel der textgrammatischen Relationen folgendermaßen formuliert werden: „Ein nicht genannter Verfasser X gebietet nicht genannten Adressaten Y, Störungen der Ratsversammlung zu vermeiden". Ort und Zeit, wo dies zu geschehen hat, werden nicht genannt. Da sich der Inhalt von MTE 3 nicht auf das Verhalten in, sondern außerhalb der Ratsversammlung bezieht, kann er als Nebenthema, verstanden werden, das der Verfasser der Satzung in auffälliger Weise mit *Item*, einem koordinierenden Konnektor zu Beginn der Kleintexte, einleitet. Die Variablen X und Y in der Themaformulierung sollen die Unselbständigkeit des Kleintextes signalisieren, weil der Kleintext zum vollen Verständnis auf Ergänzungen aus Prä- und Posttext angewiesen ist.

Textgrammatische Strukturen im Komplexen Text

Es gibt noch viel zu wenig Erfahrung mit der Analyse von historischen „Großtexten" wie dem vorliegenden. Bei ihm handelt es sich um eine „Kleintext-Reihe"; die „Einleitung" und die 47 Artikel sind sukzessive angeordnet. Zwei Perspektiven sollen mit aller Vorsicht verfolgt werden, um eventuellen grammatischen Strukturen des komplexen Textes auf die Spur zu kommen. Dabei lassen wir uns von der Hypothese leiten, dass der Zusammenhang der Kleintexte, hier der Artikel, wie beim Kleintext ebenfalls durch sprachlich ausgedrückte Identitäten hergestellt wird.

Unmittelbar ins Auge springt dem Leser der „Satzung" die über jedem Artikel stehende Zählung *Der erst Artickel, der Ander Artickel* usw. Dabei handelt es sich sowohl um eine textsortenspezifische Nomination (*Artickel*) als auch um einen Gliederungshinweis; es handelt sich also um Kleintext übergreifende Konnektoren – und nicht um Supratexte. Als Supratext könnte gelten, wenn das Thema über dem 21. Artikel stünde (z. B. „Wie man sich verhält, wenn der Rat tagt"). Zu bemerken ist, dass der vom Editor „Einleitung" genannte Kleintext am Beginn der Satzung im Original keine Überschrift hat.

Die zweite Möglichkeit, großtext-grammatische Strukturen aufzudecken, besteht darin, die in der Themaformulierung als „Lücken" bezeichneten Variablen zu „füllen". Die Strategie, die der Rezipient von Artikel 21 verfolgt, besteht darin, Kleintext übergreifende anaphorische (nach oben) oder kataphorische (nach unten) Koreferenzen, am einfachsten durch identische Repetition, aufzuspüren bzw. eine Referenzkette, die über mehrere Kleintexte reicht, zu erstellen. So findet man in Artikel 20 eine die Kontiguität in Artikel 21 („Tätigkeiten des Rats") fortsetzende bzw. ihr vorausgehende Reihe von Ausdrücken: *Richter oder Rother, yn der gemeyn des rots, durch des rots ere, der Rotman.* Daraus kann man schließen, dass die in Artikel 21 nicht genannten Adressaten des Verbots die Ratsherren (*Rotman*) sind. Immer wieder trifft man, wenn man Artikel für Artikel weiter zurückgeht, auf Ausdrücke, mit denen der Verfasser des Textes sich koreferierend oder kontiguitiv auf RAT, RATSHERREN usw. bezieht. Letztendlich ergibt sich aus diesen Ausdrücken eine breite und lange Referenzkette, die sich durch den ganzen Großtext zieht und auch sein Oberthema bestimmt, deren einzelne Glieder hier aber nicht alle aufgeführt werden können. Aber noch im 47. und letzten Artikel steht zu Beginn *ytzlicher Richter ader Rother.* Zurückschreitend landen wir beim ersten Kleintext am Anfang des Großtextes, in dem die in Artikel 21 gesuchten Adressaten ausführlich genannt werden: *allen Rotheren, eß sey Burgermeister ader Richter ader Rotlewth.* Mit diesem Ausdruck beginnt die sich durch den Großtext durchziehende Referenzkette. In der „Einleitung" finden wir auch die zeitgenössische Benennung des Großtextes als *Ordenung.* Und es nennt sich ihr Verfasser *her hanns hebenstreyt.*

Ergebnis

Was trägt die textgrammatische Analyse zur Erschließung und zum besseren Verständnis eines frühneuhochdeutschen Rechtstextes bei? Der erste Schritt liegt beim Editor der Handschrift. Er transkribiert und deckt dabei auf, welchen Lautstand die Handschrift repräsentiert, welcher Schreiblandschaft sie angehört und durch welchen Wortschatz sie geprägt ist. Die Edition sollte in einem weiteren Schritt den Text auch inhaltlich erschließen, in dem Vorschläge zur Satzabgrenzung gemacht werden, denn darauf baut die textgrammatische Analyse auf. Durch die textgrammatischen Analyseparameter werden die Kleintexte des schon in eine Abfolge von Kleintexten gegliederten Großtextes mit dem Ziel analysiert, Kleintext für Kleintext ein Thema zu formulieren. Über die Grenzen der einzelnen Kleintexte hinaus kann mit denselben Parametern auch die formale und thematische Kohärenz des Großtextes festgestellt werden. Im Vergleich mit anderen Texten werden so dann auch die textgrammatischen Eigenheiten erkennbar, die man der jeweiligen Textklasse oder Textsorte zuschreiben kann.

V. Textgrammatik und Didaktik – Textproduktion und Aufsatzbewertung in der Schule

1. Einleitung

Die folgenden Aufsatzbeispiele und Bewertungsschemata stammen aus einer 4. Klasse einer bayerischen Grundschule. Dabei wurden die Aufsätze leicht verfremdet: Beispielsweise wurden Orthographie- und Interpunktionsfehler beseitigt. Im Rahmen des ersten Beispiels – Bastelanleitung „Zapfenwichtel" – legen wir den Fokus auf die Perspektive der Textproduktion im Sinne der Frage: „Wie verfasst man eine Bastelanleitung?" Bei der Bildbeschreibung, die als zweites Fallbeispiel behandelt wird, steht die Bewertung – auch die des Lehrers/der Lehrerin („Kritik der Bewertung") – aus textgrammatischer Sicht im Mittelpunkt unserer Ausführungen.

2. Bastelanleitung „Zapfenwichtel"

2.1 „Bewertungsblatt für deine Bastelanleitung" mit textgrammatischem Kommentar

Das Bewertungsblatt beschreibt den vom Lehrerkollegium der jeweiligen Schule festgelegten Erwartungshorizont für die jeweils zu lösenden Aufgaben als Grundlage der Aufsatzbenotung; es enthält Gesichtspunkte der Bewertung seitens des Lehrers/der Lehrerin, wie der zu erstellende Text gegliedert und gestaltet werden soll, und muss den Kindern bekannt sein (Transparenz).

Unter textgrammatischem Aspekt steht auf dem Bewertungsblatt die inhaltlich orientierte *Text-Komposition* im Vordergrund. Indem der Lehrer/die Lehrerin auf dem Bewertungsblatt die Gliederung „1.1 Einleitungssatz mit Angabe des zu bastelndem Gegenstandes" – „1.3 Hauptteil – Anleitung" – „1.6 Schlusssatz" einfordert, benennt er/sie drei Teiltexte und gibt deren Verteilung im Falle der Einleitung und des Schlusses auf nur je eine MTE vor. Demgegenüber wird nichts zum *Textdesign* gesagt; eine der Textkomposition entsprechende Absatzbildung wird nicht vorgegeben, vermutlich weil sie in Anbetracht der Kürze der Bastelanleitung unangebracht wäre. Auch wird die Formulierung einer Überschrift (textgrammatisch: *Supratext*) nicht eingefordert, vermutlich weil sie als Aufsatzthema bereits vorgegeben ist: „Bastelanleitung Zapfenwichtel".

Folgend finden sich textgrammatische Kommentare zu den einzelnen Kriterien der vom Lehrer/von der Lehrerin erstellten Bewertung.

1. Inhalt

1.1 Einleitungssatz mit Angabe des zu bastelnden Gegenstandes

Textgrammatischer Kommentar: Die Bastelanleitung betrifft die Herstellung eines Zapfenwichtels (s. Abbildung).

1.2 Genaue und vollständige Beschreibung des benötigten Materials

Textgrammatischer Kommentar: Verlangt wird, dass die Schüler im Aufsatz durch die Verwendung der Fachausdrücke die Referenz zu den real (ad oculos) oder fiktiv (ad phantasma) vorhandenen Materialien herstellen (einem Koch-/Backrezept ähnlich, siehe Kap. IV). Dabei handelt es sich um einen Sonderfall der Koreferenz insofern, als bereits am Textbeginn auf den Zapfenwichtel, der gebastelt werden soll, durch Referenzauflösung (Referenz u. a. auf die einzelnen Materialien, aus denen er bestehen wird) referiert wird.

1.3 Hauptteil – Anleitung

1.4 Du hast die Bastelanleitung richtig aufgeschrieben. Sie enthält alle wichtigen Arbeitsschritte unter Beachtung der Reihenfolge.

Textgrammatischer Kommentar: Thematisiert wird die „thematische Entfaltung" (s. Kap. II.3.4), hier die durch die Textsorte „Bastelanleitung" vorgegebene Beschreibung der Reihenfolge der Handlungen, die notwendig sind, damit das Bastelziel erreicht wird.

1.5 Deine Anleitung weist folgende Mängel auf:
Einzelne Arbeitsschritte fehlen.
Du hast unnötige Arbeitsschritte beschrieben.
Du hast die Reihenfolge nicht genau beachtet.

An manchen Stellen ist die Anleitung ungenau, undeutlich, unklar oder unverständlich.

Textgrammatischer Kommentar: Moniert werden Verstöße gegen das Prinzip der der Bastelanleitung gemäßen „thematischen Entfaltung", die auf Redundanzen verzichtet.

1.6 Schlusssatz

2. Sprachliche Gestaltung

2.1 Du hast kurze, klare, aber ganze Sätze verwendet.
Du hast in Stichpunkten geschrieben.
Deine Sätze sind zu lang, der Satzbau ist kompliziert.

Textgrammatischer Kommentar: Die Anweisung betrifft den Bau (die grammatische Struktur) der MTE. Die MTE können als Sätze oder als Setzungen formuliert sein. „Kurze Sätze" meint MTE mit nur einem Prädikat; „klare Sätze" betrifft die eindeutige Referenz der Nomina und die nicht umschreibende Formulierung der Handlungen durch Prädikate.

2.2 Du hast die richtigen Fachausdrücke verwendet.

Textgrammatischer Kommentar: Die Aussage korrespondiert mit der Forderung in 1.2.

2.3 Du hast dich um guten, abwechslungsreichen Ausdruck bemüht. Deine Bastelanleitung enthält folgende sprachliche Fehler:
Grammatikfehler
Gleichförmiger Satzbau
Wiederholungen

Textgrammatischer Kommentar: Die Aussagen beziehen sich auf die Forderung nach lexikalischer Varianz im Verlauf der Referenzketten, die nicht durch Wiederholungen erfüllt wäre. Allerdings kann die lexikalische Repetition gerade von Fachausdrücken im Sinn der Eineindeutigkeit bei einer Bau-/Bastelanleitung auch erforderlich sein. Vom Lehrer/von der Lehrerin wird keine Stellung zur Möglichkeit bezogen, Koreferenz auch durch anaphorische Pronomina zu schaffen (lexikalische versus grammatische Verweisausdrücke). „Gleichförmiger Satzbau" (syntaktischer Parallelismus) wird in anderen Textsorten (z. B. in Liedern) gefordert oder (z. B. in Reden) als rhetorischer Schmuck geschätzt, nicht aber in einer Bastelanleitung.

2.4 Du hast passende andere Wörter für „dann" gefunden.

Textgrammatischer Kommentar: Die Feststellung betrifft die Varianz bei der Formulierung der temporalen Konnexion; der Konnektor *dann* könnte durch *danach* u.ä. variiert werden.

2.5 Die gewählte Schreibform (du-Form oder man-Form) zieht sich durch die ganze Anleitung.

Textgrammatischer Kommentar: Die Aussage betrifft die Konstanz der Rezipienten-Anrede entweder deiktisch durch DU oder indefinit referierend mit man. – Auf die Konstanz der Sprecherhandlung wird nicht hingewiesen. Sie ist durch die Textsorte Anweisung (wie beim Kochrezept) auf die Handlung AUFFORDERN festgelegt.

2.6 Du hast die Schreibzeit (Gegenwart) durchgängig verwendet.

Textgrammatischer Kommentar: Die Aussage betrifft die Tempusidentität, mit der sowohl auf die Gegenwart als auch auf die Zukunft bezogene Aussagen im Anleitungstext erfasst werden.

2.7 Du hast auf die Rechtschreibung geachtet.

Ergebnis: Die Textsorte Bastelanleitung als Thema des Schulunterrichts und einer Schulaufgabe erfordert einen spezifischen dreigliedrigen Textaufbau. Die MTE sollen als Sätze oder Setzungen kurz sein, die lexikalischen Ausdrücke sollen einerseits präzise sein, andererseits im Textverlauf variieren. Die Verwendung von Pronomina wird nicht thematisiert; sie ist aber in Anbetracht der geforderten Kürze nicht angezeigt. Die Sprecherhandlung ist konstant die des AUFFORDERNS, die Rezipienten-Anrede dann entsprechend deiktisch (DU). Das Tempus soll durchgehend das Präsens sein.

2.2 Aufsatz: Schülerin A

Der folgende Aufsatz einer Schülerin der 4. Klasse einer bayerischen Grundschule wurde mit der Note 1 bewertet. Rechtschreib- und Interpunktionsfehler wurden (von uns) verbessert, ansonsten keine Änderungen vorgenommen. Im Vorfeld bekamen die Schülerinnen und Schüler einen fertigen Wichtel zur Ansicht und haben ihn (nach)gebastelt; der Wortschatz wurde mündlich eingeführt.

Bastelanleitung: Zapfenwichtel

Für den Zapfenwichtel braucht man:
- *einen getrockneten Kiefernzapfen, der stehen kann*
- *eine Holzkugel mit 8 cm Umfang*
- *einen Zirkel*
- *eine Heißklebepistole*
- *weiße Watte*
- *rotes Tonpapier*
- *einen schwarzen Stabilo*
- *einen Tesa*
- *Büroklammer*
- *eine Schere*

Zuerst zeichnet man mit dem Stabilo ein Gesicht auf die Holzkugel. Dann zwickt man die oberste Schuppenreihe des Zapfens weg, damit die Kugel einen besseren Halt hat. Während man die Heißklebepistole warm laufen lässt, kann man mit dem Zirkel einen Kreis mit 8 cm Durchmesser auf das Tonpapier zeichnen und bis zur Mitte einschneiden. Nun schneidet man einen halben Kreis weg und rollt ihn zu einer Kegelform. Jetzt muss man den Hut mit der Büroklammer zusammenstecken, dass er nicht mehr aufgeht. Bevor man ihn anklebt, probiert man aus, ob er auf den Kopf passt. Wenn man möchte, kann man unter den Hut noch mit der Watte Haare kleben. Nun klebt man die Kugel + Hut mit der Heißklebepistole auf den Zapfen, und wenn man Lust hat, kann man noch einen Bart machen.

Für schöne Fensterbrettdekorationen ist der Zapfenwichtel super geeignet.

2.3 Schüleraufsatz-Bewertung „Bastelanleitung“ aus textgrammatischer und schulisch-didaktischer Perspektive

Wie zu erwarten war, waren aus schulisch-didaktischer Perspektive bei dem oben vorgestellten Aufsatz mit der Note 1 kaum Mängel anzusprechen.

Positiv besonders hervorgehoben („gut gemacht!“) hat der Lehrer/die Lehrerin in seinem/ihrem Bewertungsblatt die Erledigung der geforderten Aufgaben in Punkt 1.4, in dem es heißt: „Du hast die Bastelanleitung richtig aufgeschrieben. Sie enthält alle wichtigen Arbeitsschritte unter Beachtung der Reihenfolge.“ Textgrammatisch geht es dabei um die thematische Entfaltung, die eben auch die Beschreibung der korrekten Reihenfolge der notwendigen Handlungen einschließt. Unter Punkt 2.1 auf dem Bewertungsblatt, das – textgrammatisch zusammengefasst – „den Bau (die grammatische Struktur) der MTE“ betrifft, merkt der Lehrer/die Lehrerin an: „gute Satzverbindungen mit Bindewörtern! Schön!". Hierzu gehört aus textgrammatischer Sicht auch der Blick auf die Wahl der Konnektoren (vgl. Punkt 2.4 des Bewertungsblatts „Du hast passende andere Wörter für ‚dann' gefunden"). Die Schülerin hat folgende Konnektoren verwendet: *Zuerst – Dann – Während* (intraphrastisch) – *Nun – Jetzt – Bevor* (intraphrastisch) – *Wenn* (intraphrastisch) – *Nun – wenn* (intraphrastisch). Sie hat somit auch das geforderte Kriterium, „bei der Formulierung der temporalen Konnexion" – wie es in unserem textgrammatischen Kommentar heißt – zu variieren, erfüllt. Der Forderung, sich um „guten, abwechslungsreichen Ausdruck" zu bemühen (Bewertungsblatt, Punkt 2.3), wird nicht vollständig nachgekommen. Kritisch hat der Lehrer/die Lehrerin die mehrfache Wiederholung des Verbs *kleben* im unteren Teil der Anleitung angemerkt: *Bevor man ihn anklebt, probiert man aus, ob er auf den Kopf passt. Wenn man möchte, kann man unter den Hut noch mit der Watte Haare kleben. Nun klebt man die Kugel + Hut mit der Heißklebepistole auf den Zapfen* [...]. Die „lexikalische Varianz" bezieht sich also in diesem Fall nicht auf die Referenzketten, sondern auf die „Beschreibung der Handlungen" (siehe Bewertungsblatt, Punkt 1.4), in deren Zentrum das Vollverb steht; allerdings bezieht sich die Kritik nicht auf die „thematische Entfaltung" und somit die korrekte Abfolge der durchzuführenden Handlungen, sondern auf ein rhetorisches Gebot, für Abwechslung in der Wortwahl zu sorgen („variatio delectat"). Es sei noch die Rezipienten-Anrede (Bewertungsblatt, Punkt 2.5) erwähnt, die die Schülerin konsequent indefinit (*man*) wählt, was ihr die volle Punktzahl einbringt. Die damit einhergehende Konstanz der Sprecherhandlung (z. B. *zeichnet man, schneidet man, muss man den Hut mit der Büroklammer zusammenstecken*) wird vom Lehrer/von der Lehrerin – wie oben angemerkt – im Bewertungsblatt nicht aufgeführt, ist aber im Aufsatz eingehalten worden. Ferner wurde auf die geforderte Konstanz bei der „Schreibzeit Gegenwart" (Bewertungsblatt, Punkt 2.6), die die Tempusidentität betrifft, geachtet. Auffallend ist noch, dass manche der in der Auflistung aufgeführten Utensilien im Fließtext nicht mehr explizit vorkommen (*Schere, Tesa*). Womit beispielsweise *zwickt* die Schülerin *die oberste Schuppenreihe* weg (siehe den zweiten Satz/die zweite MTE: *Dann zwickt man die oberste Schuppenreihe des Zapfens weg*)? Womit klebt die Schülerin (Heißklebepistole oder Tesa), z. B. in folgendem Satz: *Bevor man ihn* [den Hut] *anklebt, probiert man aus, ob er auf den Kopf passt.*,? Auf diesen Gesichtspunkt wird seitens des Lehrers/der Lehrerin nicht eingegangen.

Aus dem Aufsatz einer Schülerin, der mit der Note 5 bewertet wurde, seien einige weitere Gesichtspunkte aufgeführt, die den Lehrer/die Lehrerin zu Kritik veranlassten. Moniert wurden vor allem Grammatik-/Satzbaufehler (Syntax), Inhalts-, Ausdrucks- sowie Interpunktionsfehler. Bei den Ausdrucksfehlern ging es nicht um textgrammatische Aspekte (z. B. Wiederholungen), sondern um den – inhaltlich – passenden Ausdruck (z. B. *Hut auf das Gehirn* statt „Hut auf den Kopf“). Auch fehlende Attribute wurden angemahnt (z. B. *Watte* statt „weiße Watte“, *Stabilo* statt „schwarzer Stabilo“). Textgrammatisch interessant ist die Wiederholung des Konnektors *dann*; auch die unmittelbare Wiederholung des Verbs *nehmen* wird kritisiert (was vergleichbar ist mit der Bewertung der wiederholten Verwendung des Verbs *kleben* beim oben behandelten Aufsatz mit der Note 1):

„Du nimmst dir die Holzkugel, dann einen Stift und malst ihr Augen, Nase und Mund auf. Dann brauchst du einen Zirkel. [drei Sätze dazwischen] *Dann nimmt man die Watte und nimmt sich ein Stück und klebt es als Haare auf den Kopf.“*

3. Bildbeschreibung „Blick nach draußen“

Bei der folgenden Aufgabe handelt es sich um die Beschreibung eines Bildes; dessen Originaltitel kannten die Schülerinnen und Schüler nicht, sondern nur die über dem Bild auf einer Farbfolie angebrachte Überschrift „Blick nach draußen“, die eine ganze Rubrik im Rahmen des Lehrmaterialien-Werks einleitete.

Abb. 7: Micheline Boyadjian, *Les deux fillettes*, 1969, Öl auf Leinwand, Musée de Louvain-la-Neuve

3.1 Aufsatz: Schülerin C

Der folgend behandelte Aufsatz der Schülerin einer bayerischen Grundschule (4. Klasse) wurde mit der Note 2 bewertet. Grammatik-/Tipp- und Interpunktionsfehler wurden verbessert.

Bildbeschreibung: Blick nach draußen

Zwei Zwillingsschwestern wohnen in einer Villa. Sie haben einen langen geflochtenen Zopf und sind bekleidet mit einem weißen Kleid, auf dem schwarze Punkte zu sehen sind. Darunter tragen sie schwarze Kleidung. Die zwei lehnen an einer Fensterbank und schauen den anderen Kindern zu. Sie haben sich erkältet und dürfen deswegen nicht raus. Die Mädchen stehen auf einem hellbraunen Boden. Auf dem Boden liegt ein gemusterter Teppich. Es ist Winter bei ihnen, denn sie friert es sehr. An der lila-grauen Wand hängt über den Fenstern eine braune Vorhangstange, an denen der gelbe Vorhang befestigt ist, der fast von der Decke bis zum Boden reicht. Das schwarze Abstelltischchen mit fünf Fächern, in dem Bücher stehen oder manche auch liegen, mit Schnitzereien befindet sich in der Mitte der beiden Mädchen. Über dem Abstelltischchen hängt ein Marienbild. Ich vermute, dass die Mädchen in der Villa mit ihren Eltern wohnen.

3.2 Bewertungsblatt Bildbeschreibung

Folgend findet sich das vom Lehrer/von der Lehrerin erstellte Bewertungsblatt zur Bildbeschreibung mit Angabe der maximal erreichbaren Punkte (in Klammern).

1. Inhalt

Zimmer, zwei große Fenster, lange gelbe Vorhänge an Vorhangstangen	(6 P.)
brauner Holzboden, kleiner, bunt gemusterter Teppich	(3 P.)
Wand grau/lila	(1 P.)
zwei gleich aussehende Mädchen (Zwillinge) stehen an den Fenstern, schauen hinaus	(3 P.)
Mädchen haben einen rotbraunen Zopf, schwarzen Pulli und Leggins, darüber weißes Kleid mit schwarzen Punkten	(6 P.)
draußen Winterlandschaft mit kahlen Bäumen und schneebedeckten Häusern	(3 P.)

Zwischen den Fenstern schwarzes Regal mit Schnitzereien, darin stehende und aufgeschlagene Bücher, oben ein orangefarbenes Fläschchen (6 P.)
darüber ein Marienbild (1 P.)

29 P.

2. Sprachliche Gestaltung

Du hast in abwechslungsreichen Sätzen mit den richtigen Satzzeichen geschrieben. (3 P.)
Du hast dich um gute inhaltliche Verbindungen bemüht. (2 P.)
Du hast eine sinnvolle Reihenfolge eingehalten. (3 P.)
Es gibt keine störenden Wiederholungen. (3 P.)
Du hast eigene Gedanken und Vermutungen eingebaut. (2 P.)
Du hast auf die Rechtschreibung geachtet. (2 P.)

15 P.

3.3 Textgrammatische Kritik der Aufsatzbewertung

Aus textgrammatischer Sicht ist die Kritik des Lehrers/der Lehrerin an den Wiederholungen im Aufsatz relevant (fehlende lexikalische Varianz im Rahmen der Referenzketten/Topiks): Zwei Mal in textueller Nachbarschaft werden je die Lexeme *Boden* – hier handelt es sich sogar um Kontaktverflechtung – sowie *Abstelltischchen* verwendet: *Die Mädchen stehen <u>auf einem hellbraunen Boden</u>. <u>Auf dem Boden</u> liegt ein gemusterter Teppich.* [...] *Das schwarze <u>Abstelltischchen</u> mit fünf Fächern, in dem Bücher stehen oder manche auch liegen, mit Schnitzereien befindet sich in der Mitte der beiden Mädchen. Über dem <u>Abstelltischchen</u> hängt ein Marienbild.*

Der Lehrer/die Lehrerin kritisiert ebenfalls die Wiederholung eines ganzes Satzes: „Der letzte Satz kam schon am Anfang.“ (1. Satz: *Zwei Zwillingsschwestern wohnen in einer Villa.*, letzter Satz: *Ich vermute, dass die Mädchen in der Villa mit ihren Eltern wohnen.*). Textgrammatisch gesehen wäre wenigstens die lexikalische Variation in den beiden Sätzen zu loben. Außerdem könnte aus textgrammatischer Sicht die Referenzkette zu den Zwillingen positiv hervorgehoben werden, die ein Bemühen der Schülerin um lexikalische Varianz und die Berücksichtigung grammatischer Verweisausdrücke (Pronomina) zeigt: *Zwei Zwillingsschwestern – Sie – sie – Die zwei – Sie – Die Mädchen – bei ihnen – sie –* [*in der Mitte*] *der beiden Mädchen – die Mädchen.*

Aus textgrammatisch-struktureller Perspektive ist auf die im Aufsatz fehlende Deutung der (übergeordneten) Überschrift „Blick nach draußen“ aus dem

Bildinhalt heraus hinzuweisen. Sie hätte am Schluss – das ist auch der übliche Platz, um die eigene Meinung kund zu tun – vorgenommen werden können. Der (vermutete) Grund dafür, dass die Mädchen am Fenster stehen, ist zwar vorhanden (*Sie haben sich erkältet und dürfen deswegen nicht raus.*), jedoch nicht am Schluss, sondern bereits in etwa dem ersten Drittel des Aufsatzes und nicht explizit auf die Überschrift bezogen. Auffallend ist aber beim Bewertungsblatt des Lehrers/der Lehrerin, dass im Zusammenhang mit der Textproduktion auf die Überschrift in keiner Weise eingegangen wird.

Der Lehrer/die Lehrerin kritisiert schließlich den Bau der Sätze („Achte auch darauf, dass deine Sätze nicht zu lang werden!"). Diese Kritik kann aber nur zwei Sätze gegen Ende des Aufsatzes betreffen; sie sollten auf mehr als zwei MTE umformuliert werden können.

Es sei noch ein Blick auf den Aufsatz einer Schülerin, der mit der Note 5 bewertet wurde, geworfen. Der Lehrer/die Lehrerin moniert dabei vor allem die unvollständige Wiedergabe des Inhalts sowie sprachliche „große Schwächen". Wiederum textgrammatisch relevant im Sinne fehlender lexikalischer Varianz sind die thematisierten Wiederholungen:

Auf diesem Bild sieht man viele Häuser im Hintergrund. Im Vordergrund sieht man zwei Mädchen, die aus dem Fenster schauen.

Zwischen den beiden Mädchen steht ein Regal mit vielen Büchern. Ein paar Bücher stehen und die anderen Bücher liegen. Über den Büchern steht ein Fläschchen.

Über dem Regal hängt ein Bild. Links und rechts über dem Bild sind zwei Vorhangstangen mit gelben Vorhängen. Die Wände sind lila. Der Boden geht bis zum linken und rechten Bildrand, und auf dem Boden liegt ein kleiner Teppich mit bunten Mustern.

4. Zusammenfassung: Textgrammatik in der Schule – Varianz und Konstanz

Aus dem bayerischen Grundschul-Lehrplan für die 3. und 4. Klasse[5] sind folgende Passagen für die oben behandelten Aufsätze im Hinblick auf Textsorten und -funktion sowie die sprachlich-strukturelle Gestaltung relevant. Dabei gehören die beiden zuerst genannten Punkte der Rubrik „Texte planen und schreiben", der dritte dem Bereich „Texte überarbeiten" und die drei letzten dem

[5] http://www.lehrplanplus.bayern.de/fachlehrplan/grundschule/4/deutsch (Zugriff am 18. 02. 2015).

Kapitel „Sprachliche Strukturen in Wörtern, Sätzen, Texten untersuchen und verwenden“ an.

„Die Schülerinnen und Schüler…
[…]

- verfassen eigene informierende, beschreibende Texte und achten dabei auf eine reihende Darstellung (z. B. bei der Abfolge von Arbeitsschritten in einem Versuch) sowie eine logische Anordnung der Informationen (z. B. bei der Beschreibung von Personen).
- schreiben eigene informierende, berichtende Texte und achten auf die Vollständigkeit und zeitliche Ordnung der Informationen (z. B. in Berichten über einen Ausflug der Klasse oder einen Vorfall in der Pause).“

„Die Schülerinnen und Schüler…
[…]

- gestalten ihren fertigen Text ansprechend und passend zur Textfunktion (z. B. indem sie Absätze schaffen oder Bilder hinzufügen, ggf. auch mithilfe des Computers).“

„Die Schülerinnen und Schüler…
[…]

- wählen beim Schreiben und Sprechen je nach Kontext passende Wörter aus Wortfeldern (z. B. *sehen, essen, Gebäude*).
- […]
- verknüpfen Sätze sinnvoll (auch mit geläufigen Bindewörtern), um sich beim Sprechen und Schreiben genau auszudrücken.
- […]
- untersuchen Texte (auch selbst verfasste) und beschreiben, welche sprachlichen Gestaltungsmittel (z. B. wörtliche Rede) und Textmerkmale (z. B. Absätze, Zwischenüberschriften) für erzählende, informierende und argumentierende Texte typisch sind.“

Aus textgrammatischer Perspektive werden dabei folgende Kriterien abgedeckt: Zunächst geht es um Textsorten, Textfunktionen (siehe Kap. I.5) und die Themenentfaltung (deskriptiv, narrativ, explikativ, argumentativ), die auch die geforderte korrekte Reihenfolge der darzustellenden Gegenstände/Informationen umfasst (siehe Kap. II.3.4). Textstruktur und (Text)Design (siehe Kap. III.) betrifft die Forderung nach „ansprechend[er]“ Gestaltung (Absätze, Bilder). Textinhalt und Textthemen (siehe Kap. II.3) beziehen sich auf die im

Lehrplan erwähnte Kompetenz, „passende Wörter aus Wortfeldern" auszuwählen. Die Verknüpfung „mit geläufigen Bindewörtern" findet sich in der Textgrammatik als Vernetzung durch Konnektoren wieder (siehe Kap. II.2.7).

Wie aus der Bewertung der besprochenen Aufsätze (4. Klasse, bayerische Grundschule) hervorgeht, ist besonders die fehlende Varianz bei den Referenzketten und den Konnektoren eine wiederkehrende textgrammatische Schwäche.

Folgende **Tipps** können im Vorfeld der Abfassung der Texte/Aufsätze beachtet werden. Mit den Schülerinnen und Schülern sollte lexikalische Varianz geübt werden, jedoch nicht kontextlos: Sie müssen dafür sensibilisiert werden, dass die lexikalische Varianz nur unter Berücksichtigung der zu behandelnden Textsorten und Textthemen gelingen kann. Auch die Möglichkeit, Abwechslung durch grammatische Verweisausdrücke (Proformen/Pronomina) zu schaffen, muss vermittelt werden. In diesem Zusammenhang ist auch der Aufbau der Referenzketten hinsichtlich der Abfolge lexikalischer und grammatischer Verweisausdrücke und der Vernetzungsabstand zu behandeln (siehe Kap. II.2.1.2). Zu üben ist ebenso die Varianz im Rahmen der Konnexion, die die Reflexion der semantischen Klassifikation voraussetzt, bevor Alternativen – z. B. für den temporalen Konnektor *dann* –, ermittelt und zusammengestellt werden können.

Die Behandlung der Textsortenspezifika sollte das Bewusstsein für die Merkmale eines Textes als Vertreter einer Textsorte im Aufbau und der äußeren Form (Textstruktur/Textgliederung, Text-Architektur, Text-Design, Text-Komposition, Sprache-Bild-Bezüge) einerseits sowie in der sprachlichen Gestaltung andererseits (z. B. adäquates Tempus und gegebenenfalls Tempusidentität: Bastelanleitung und Bildbeschreibung müssen im Präsens verfasst werden) schärfen. Dabei ist auch das – textsortenabhängige – Verhältnis zwischen Überschrift (Supratext) und Kerntext zu klären. So enthält die Überschrift der Bastelanleitung ausschließlich das Ergebnis der vorgegebenen Handlungen, also den zu bastelnden Gegenstand. Dagegen muss die Überschrift beim zu beschreibenden Bild im Kerntext interpretiert werden, und zwar aus der vorausgehenden Beschreibung heraus.

Literatur

Abel, Larissa: Die Anmerkung im literarischen Übersetzungstext. Eine kontrastive deutsch-russische Textsortenuntersuchung. Hamburg 2009.

Baderschneider, Nina und Greule, Albrecht (2013): Wort – Satz – Text. Die hierarchische Struktur der Grammatik. Working Paper. http://epub.uni-regensburg.de/28754/. Letzter Zugriff am 02.05.2015.

Bračič, Stojan/Fix, Ulla/Greule, Albrecht: Textgrammatik – Textsemantik – Textstilistik. Ljubljana 2007.

Brinker, Klaus: Linguistische Textanalyse. Eine Einführung in Grundbegriffe und Methoden. Berlin 1985.

Brinker, Klaus/Cölfen, Hermann/Pappert, Steffen: Linguistische Textanalyse. Eine Einführung in Grundbegriffe und Methoden. Berlin, 8., neu bearb. u. erw. Aufl. 2014.

Dudenredaktion (Hrsg.): Duden. Deutsches Universalwörterbuch. Mannheim, Leipzig, Wien, Zürich, 4., neu bearb. u. erw. Aufl. 2001.

Dudenredaktion (Hrsg.): Duden. Die Grammatik. Mannheim, Wien, Zürich. 8., überarb. Aufl. 2009.

Eroms, Hans-Werner: Stil und Stilistik. Berlin 2008.

Fandrych, Christian/Thurmair, Maria: Textsorten im Deutschen. Linguistische Analysen aus sprachdidaktischer Sicht. Tübingen 2011.

Fleischer, Wolfgang/Barz: Wortbildung der deutschen Gegenwartssprache. Berlin, Boston, 4., völlig neu bearb. Aufl. 2012.

Fritz, Thomas A.: Der Text. In: Duden. Die Grammatik. 7., völlig neu bearbeitete und erweiterte Aufl. Hrsg. von der Dudenredaktion. Mannheim, Leipzig, Wien, Zürich 2005, 1067–1074.

Gansel, Christina /Jürgens, Frank: Textlinguistik und Textgrammatik. Eine Einführung. Göttingen, 3., unveränderte Aufl. 2009.

Greule, Albrecht: Parfum, Parenthese und Textgrammatik. In: Wierzbicka, Mariola (Hrsg.): Moderne deutsche Texte. Beiträge der Internationalen Germanistenkonferenz Rzeszów 2004. Frankfurt am Main 2005, 165–173.

Große, Franziska: Bild-Linguistik. Grundbegriffe und Methoden der linguistischen Bildanalyse in Text- und Diskursumgebungen. Frankfurt am Main u.a. 2011.

Hackl-Rößler, Sabine: Textstruktur und Textdesign. Textlinguistische Untersuchungen zur sprachlichen und optischen Gestaltung weicher Zeitungsnachrichten. Tübingen 2006.

Hausendorf, Heiko / Kesselheim, Wolfgang: Textlinguistik fürs Examen. Göttingen 2008.

Hilzinger, Sonja: Anekdotisches Erzählen im Zeitalter der Aufklärung. Zum Struktur- und Funktionswandel der Gattung Anekdote in Historiographie, Publizistik und Literatur des 18. Jahrhunderts. Stuttgart 1997.

Huber, Jenny: Sprachwissenschaftliche Analyse eines satirischen Textes mit Blick auf die Zusammenhänge zwischen Humor und Literatursprachlichkeit. Seminararbeit an der Universität Regensburg, Sommersemester 2013.

Hummel, Christine: Kürzestgeschichten. Texte und Materialien. Stuttgart 2013.

Janich, Nina: Werbesprache. Ein Arbeitsbuch. Tübingen, 6., durchges. u. korr. Aufl. 2013.

Kessel, Katja/Reimann, Sandra: Basiswissen Deutsche Gegenwartssprache. Tübingen, Basel, 4., durchges. Aufl. 2012.

Klemm, Michael/Stöckl, Hartmut: „Bildlinguistik" – Standortbestimmung, Überblick, Forschungsdesiderate. In: Diekmannshenke, Hajo/Klemm, Michael/Stöckl, Hartmut (Hrsg.): Bildlinguistik. Theorien – Methoden – Fallbeispiele. Berlin 2011, 7–18.

La Roche, Walther von: Einführung in den praktischen Journalismus. München/Leipzig, 14., neubearb. Aufl. 1995.

Michel, Georg: Stilistische Textanalyse. Frankfurt am Main 2001.

Ortner, Hanspeter: Syntaktisch hervorgehobene Konnektoren im Deutschen. In: Deutsche Sprache 11, 1983, 97–121.

Piirainen, Ilpo Tapani: Die Satzung des Rates der Stadt Košice/Kaschau aus dem Jahre 1404. Edition und Untersuchung eines frühneuhochdeutschen Textes aus der Slowakei. In: Neuphilologische Mitteilungen 88, 1987, 237–255.

Polenz, Peter von: Deutsche Satzsemantik. Grundbegriffe d. Zwischen-den-Zeilen-Lesens. Berlin u.a. 1985.

Reimann, Sandra: MEHRmedialität in der werblichen Kommunikation. Synchrone und diachrone Untersuchungen von Werbestrategien. Tübingen 2008.

Reimann, Sandra/Rössler, Paul (Hrsg.): Albrecht Greule: Sakralität. Studien zu Sprachkultur und religiöser Sprache. Tübingen 2012.

Rolf, Eckard: Die Funktionen der Gebrauchstextsorten. Berlin, New York 1993.

Sowinski, Bernhard: Deutsche Stilistik. Frankfurt am Main 1991.

Sembdner, Helmut (Hrsg.): Heinrich von Kleist: Sämtliche Werke und Briefe, zweibändige Ausgabe in einem Band. München 2001.

Thim-Mabrey, Christiane: Grenzen der Sprache – Möglichkeiten der Sprache. Untersuchungen zur Textsorte Musikkritik. Frankfurt am Main 2001.

Thurmair, Maria: Wörter im Text. Textsortenspezifische Referenzketten. In: Fix, Ulla / Lerchner, Gotthard / Schröder, Marianne / Wellmann, Hans [Hrsg.]: Zwischen Lexikon und Text. Lexikalische, stilistische und textlinguistische Aspekte. Leipzig 2005, 80–94.

Weber, Volker: Anekdote. Die andere Geschichte. Erscheinungsformen der Anekdote in der deutschen Literatur, Geschichtsschreibung und Philosophie. Tübingen 1993.

Wilpert, Gero von: Sachwörterbuch der Literatur. Stuttgart, 8. verb. und erw. Aufl. 2001.

Verzeichnis der Beispieltexte

Sachwortverzeichnis

Katja Kessel / Sandra Reimann

Basiswissen Deutsche Gegenwartssprache

UTB 2704 M
4., durchgesehene Auflage 2012,
296 Seiten,
€[D] 16,99/SFr 24,90
ISBN 978-3-8252-3692-2

Die bewährte Einführung wendet sich an Studierende der Germanistik, die die deutsche Gegenwartssprache im wissenschaftlichen Sinne durchschauen und unter analytischen Gesichtspunkten kennen lernen wollen. Gegenstand sind die wichtigsten Teilbereiche und Methoden der neueren deutschen Sprachwissenschaft. Besonders ausführlich werden die komplexen Kapitel Syntax und Wortbildung behandelt, die zum Kanon der meisten sprachwissenschaftlichen Prüfungen gehören. Jedes Kapitel enthält Übungen mit Lösungen und weiterführende Literatur.

Narr Francke Attempto Verlag GmbH+Co. KG \ Dischingerweg 5 \ 72070 Tübingen \ Germany
Tel. +49 (07071) 97 97-0 \ Fax +49 (07071) 97 97-11 \ info@narr.de \ www.narr.de
Stand: September 2015 · Änderungen und Irrtümer vorbehalten!